语言浸入式教学理论系列著作

RESEARCH

On The New Curriculum Of Basic Education & The Development Of English Immersion Teaching Strategies In China

基础教育学科新课标与我国英语浸入式教学策略发展研究

迟延萍 主编

西安交通大学出版社
XI'AN JIAOTONG UNIVERSITY PRESS

图书在版编目(CIP)数据

基础教育学科新课标与我国英语浸入式教学策略发展研究 / 迟延萍主编. — 西安 : 西安交通大学出版社, 2025.1

ISBN 978-7-5693-3032-8

Ⅰ. ①基… Ⅱ. ①迟… Ⅲ. ①英语课—教学研究—小学 Ⅳ. ①G623.312

中国版本图书馆 CIP 数据核字(2022)第 255450 号

JICHU JIAOYU XUEKE XINKEBIAO YU WOGUO YINGYU JINRUSHI JIAOXUE CELÜE FAZHAN YANJIU

书　　名 基础教育学科新课标与我国英语浸入式教学策略发展研究
主　　编 迟延萍
责任编辑 庞钧颖
责任校对 李　蕊
装帧设计 韩　铎　伍　胜

出版发行 西安交通大学出版社
(西安市兴庆南路 1 号　邮政编码 710048)
网　　址 http://www.xjtupress.com
电　　话 (029)82668357　82667874(市场营销中心)
(029)82668315(总编办)
传　　真 (029)82668280
印　　刷 中煤地西安地图制印有限公司

开　　本 787 mm×1092 mm　1/16　**印张** 10.125　**字数** 228 千字
版次印次 2025 年 1 月第 1 版　　2025 年 1 月第 1 次印刷
书　　号 ISBN 978-7-5693-3032-8
定　　价 72.00 元

如发现印装质量问题,请与本社市场营销中心联系。
订购热线:(029)82665248　(029)82667874

序　一

外语教学一直是我国基础教育中的重点和难点。自从小学教育中设立外语课以来，我国外语教学有了很大的进步，学生的整体外语水平有了显著提高。但最近忽然有一种论调，认为在中小学开设外语课增加了学生负担，这一观点失之偏颇。基础教育是为人的全面发展打好基础的教育，目的是让学生掌握人类生活的基本知识，培养学生对人、对事的情感和价值观。语言是交流的工具，也是传播文化的载体。外语教学不仅是让学生掌握外国的语言，还要使学生通过了解别国的文化，拓展国际视野，增强文化修养，更好地应对全球化浪潮。

如何提高外语教学的质量，是外语老师经常思考的问题。外语教学中的一个重要环节就是要创造学习外语的环境。在中小学教育中，外语课时安排较少，如果没有作为辅助的外语环境，课上学的内容很容易忘记，学生学习外语的兴趣也难以提高。我经常说："没有兴趣就没有学习，英语教学尤其如此。要在应用中培养他们的兴趣。"那么在中小学外语教学中，如何创造良好的外语学习环境？除了组织一些课外活动、设立外语角外，浸入式教学是有一个很好的办法。

语言浸入式教学就是采取双语教学模式，即除学习母语以外，使用第二语言进行其他学科的教学。这种教学模式源于加拿大魁北克地区。语言浸入式教学创造了学习第二语言的环境，提高了第二语言的学习质量。语言浸入式教学对教师有较高的要求，学科教师要有一定的外语水平，外语教师也要掌握一定的其他学科知识。

1997 年 6 月，"中加教育合作项目双语研究研讨会"在古都西安召开，会上成立了"中加教育合作英语浸入式教学研究课题组"，在 8 所幼儿园和 5 所小学开展实验。华南师范大学的强海燕教授就是课题组的负责人，也是我国英语浸入式教育研究的带头人。强海燕教授在华南地区中小学开展英语浸入式课程与教学研究，同时又在少数民族学生中开展运用浸入式教学学习国家通用语言文字的研究，都取得了很好的成效。她与她的团队总结了 20 多年来开展英语浸入式课程与教学研究的经验，编辑成"语言浸入式教学研究丛书"，与大家分享。丛书中有对英语浸入式课程与教学的理论论述，有英语浸入式课程与教学在中小学实验的经验和实际案例，还有对少数民族地区的国家通用语言文字浸入式教学的探讨，内容十分丰富，为我国语言浸入式课程与教学研究提供了有益借鉴。

强海燕教授 20 多年来对英语浸入式课程与教学的研究，不是坐而论道。她身体力行，深入中小学教学实际指导实验，在实践中发现问题，并以不懈的努力逐一破解。我曾经应邀参观过她的实验学校，学生浓厚的学习兴趣、生动活泼的学习活动给我留下了深刻印象。前几年她患病以后，仍然与她的团队坚持研究，体现了她对教育事业深厚的情感与热忱。她顽强拼搏的精神令人钦佩。在此，我对强海燕教授致以深深敬意，并祝她早日恢复健康！

顾明远

2021 年 7 月 1 日

序 二

这套引人瞩目的语言浸入式教学研究丛书始于20世纪80年代的中加教育互惠合作项目，该项目一直延续至今。加拿大在1970年和中国建立外交关系后开始接收中国留学生，两国又于1983年签署了“中加合作发展合约”。此后，加拿大国际开发署一直支持中国的教育发展。

我早年在香港和上海教了13年书，在伦敦取得博士学位后，于1984年回到多伦多大学开展博士后的学习。届时中国教育部副部长黄辛白先生访加，来到多伦多大学安大略教育研究院，向院领导表达了是否有可能开展中国和加拿大联合培养教育博士生项目。学院请我向加拿大国际发展署申请项目，我同时和北京师范大学顾明远教授联系，邀请他担任中方项目主任。

之后几年，我对顾先生的人格魅力印象深刻，他着力提出如此重要的教育项目应包含中国东北、西北、西南等各地区的师范大学，因为他深知边缘地区参加国际项目的机会极其有限。因此，多伦多大学安大略教育研究院和7所中国主要师范大学加盟中加联合培养教育博士项目，包括西北师范大学、西南大学、陕西师范大学、东北师范大学、南京师范大学、华东师范大学和北京师范大学。从1989年至1995年，有22位中国博士生和访问学者轮流到多伦多大学深造，也有11名加拿大博士生去中国访学。强海燕教授就是当时去多伦多大学进行访学的学者之一。她在访问诸多加拿大学校后，对加拿大的法语浸入式教学产生了浓厚的兴趣。2011年，强海燕教授和她的学生康叶钦（多伦多大学回归访问学者）联合发表了重要研究论文《教育迁移案例：中国的英语浸入式教育》，建立了一套可在多省基础教育阶段广泛采用的双语教学模式。

到1995年，中加联合培养教育博士项目接近尾声，两国参与学者收获满载。非常值得一提的是，在这一东西方教育文化交流项目中，我们在1992年组织了一场令人难忘的世界性文明学术对话研讨会“东西方大学与文化”，项目中所有的中国博士生导师，以及来自东亚其他地区、印度和中东的学者都为此次研讨会发表了论文。之后，这次会议的论文集进一步修改、拓展，其中文版于2003年正式出版。

1996年，我们再次向加拿大国际发展署申请开展第二轮合作项目，在道德教育、妇女和高等教育以及少数民族双语教育课程开发等领域开展联合研究。中方项目的主导院校从北京移至西安，由陕西师范大学强海燕和方俊明教授负责协调。加方项目由多伦多大学安大略教育研究院的潘乃容和德怀特·博伊德（Dwight Boyd）两位教授主持，并有温哥华不列颠哥伦比亚大学加盟科研团队。这使得琳达·西格尔（Linda Siegel）教授，一位卓有声望的心理语言学家，能够加入该项目。有关英语浸入式幼儿园和学校的研究可以被视为中国西北地区少数民族双语教育研究的一个分支，而少数民族双语教育研究则是该项目的重点。西格尔教授向中国同仁提供了加拿大双语浸入式教育的重要经验，这套丛书则展示了项目所取得的丰硕成果。

如今，我们已经迈入21世纪的第三个十年，迎来了中国在全球教育领域发挥引领作用的新时代。语言，作为向世界展现中国丰富教育文化与实践的核心桥梁，对于培养在全球大家庭中和谐共生的世界公民至关重要。鉴于英语依然保持着世界交流主要语言的地位，对儿童和学生实施双语教育，将使他们能够在全球文明与文化的对话中更好地承担交流使者的责任，进而为构建人类命运共同体作出贡献。

（许美德）

2021年7月17日

（潘乃容　译）

丛书前言

如果您有兴趣浏览这套丛书或其中的一本，我猜您一定对语言发展、语言教育、语言学习、外语（第二语言）教学、浸入式等领域有好奇心、有想法。希望我们能够满足您的需求。

先来解释一下关于语言的几个术语：母语是儿童出生后最早接触且持续发展的语言，一般是儿童的民族语。外语是外国语言文字，对中国人来说，外语主要是英语，也包括其他语种；对来中国的外国留学生而言，中文（汉语）是他们的外语，也是他们的第二语言。在我国，对少数民族学生而言，国家通用语言文字（汉语）是第二语言。目标语是文中特指的语言，本文在谈到中国人学外语时，目标语主要指英语；在谈到少数民族学生的第二语言学习时，目标语就是国家通用语言文字。

我们都知道婴儿出生时语言水平是零，到上小学前，儿童的母语水平通常都能在不知不觉间发展到惊人的程度——词汇量丰富，句型多样。这是为什么？是语言环境的巨大作用，是儿童与语言环境的积极互动——我们称之为语言习得。这种语言习得过程在外语或第二语言习得中也同样有效。

语言浸入式教育（language immersion）是在学校教育中模拟母语语言环境，在课堂中除了采用专门的教与学的策略，还创设目标语环境，用目标语开展各种学校活动，让学习者沉浸其中，从而轻松、快速地学习外语或第二语言。然而，儿童上学后是如何继续发展母语的？大家都会异口同声地答道“语文课”，是的。但这个答案只对了一半，因为学生还在各门课程学习中发展学术语言（academic language）。例如“能量守恒定律”这个学术词语及其含义是在科学或物理课上通过实验学到的，“前滚翻”这个运动术语及其含义是在体育课上通过示范及练习学到的。这说明各个学科都在发展学生的学术（学科）语言。为什么我们通常看不到各个学科课程在学生母语发展上起到的作用呢？这是因为学科内容与学科语言结合得太紧密了，以至于成为我们认识的盲点。

在语言浸入式教育中，模仿母语的学术（学科）语言发展过程是首要任务，这要求学校的一部分课程或大部分课程要用外语或第二语言进行教学，例如品德与社会、科学、音乐、体育、物理、生物、信息技术、道德与法制等。但用正在学习的外语或第二语言教授其他学科，会不会影响其他学科的学习成绩？国内外大量的研究都证明不会。语言浸入式教育还要用外语或第二语言开展学校的部分课外活动，例如文艺表演、讲故事、办板报、布置走廊、英语角等。语言浸入式教育也要求我们在家庭及社区中创造条件，让儿童有使用外语或第二语言的机会，例如看英语电影、视频、电视，玩英语游戏，与外国人交流，等等。在用外语或第二语言教授部分学科课程的过程中，在使用目标语开展多种课外活动的情况下，在家庭或社区创建的目标语语言氛围中，学习者就有大量机会运用外语或第二语言，从而提升外语水平。

我们看到有些学校的留学生教育没有利用大的语言环境，外国留学生们在一起上课，只注重在课堂上背单词、练语法，课后不参与社会活动，不与母语者打交道，这就失去了顺手可得的学语言的大环境。而有些少数民族儿童在家里说的是民族语，上学后接受国家通用语言文字教学，这也不是真正的浸入式教学。我国英语浸入式教学借鉴了加拿大浸入式教学的经验。加拿大的语言浸入式教育以发展官方语言之一的法语开始。法语浸入式教学诞生于 1965 年，20 世纪 80 年代以来为许多国家所效仿。顾明远教授与许美德教授负责的中加大学教育合作项目，让中国的教育者和学者们更加深入地了解了语言浸入式教育。1996 年该项目的少数民族语言研究工作坊在西安成立，琳达・西格尔教授带领一组加拿大学者，系统介绍了加拿大法语浸入式教学的理论、方法及效果。当时我和几位大学同事听后颇为振奋，心想如果能在学校开展英语浸入式教学就好了，因为英语是国际交流的主要语言。西格尔教授非常支持我们的想法，因此我们一起设计了实验方案，一起培训教师，“中国-加拿大合作英语浸入式课程与教学研究项目”便在 1997 年开始了。

然而，我们大胆地走着一条艰难的路：外国的东西如何本土化，如何创新发展？观念问题、师资问题、教材问题等如何解决？这些困难都需要我们一一克服。但是这条路也是振奋人心的路：每次到实验现场验收成果，我们都被儿童英语水平惊人的提升所激励。正是这些可爱的孩子有力地推动着语言浸入式教育的开展和发展，鼓励着我们在这条路上继续前进。

对于语言浸入式教育工作者来说，你们读到这套丛书的时候，会感到非常亲切，因为从中可以看到你们在浸入式教育征途中的困惑与奋斗、喜悦与成就。书中的许多经验是共享的。可以说，没有大家的实践，这套丛书就不可能诞生。

语言浸入式教师在教学中会遇到许多困难，要掌握流利的目标语，要熟知语言浸入式教学的原理与方法，还要懂得所教学科的知识。但是不要胆怯，我以自己为例，告诉大家我是怎样从“不是学外语的料”蜕变成一名英语浸入式教育专家的。我中学时学俄语，不愿死记硬背，又没有好的学习方法，累积的生词和语法问题越来越多，俄语成绩很差。上大学从 ABC 开始学英语，毕业时英语基础也很差。后来上了外教的英语课，外教要求我们这些上课不能用英语发言的新老师每天下课后到他家聊天。我们觉得好奇，原来可以这样学习外语！记得第一次去外教家时，我紧张得连外教问“Would you like a cup of tea?”都没有听懂，这让我非常沮丧，深感自己不是学外语的料。

“学然后知困”，后来我经过努力得到出国留学的机会，在美国我读了教育学研究生，与美国学生和其他外国学生一起上课，第一学期我很难理解大部分教学内容。我采取了很多办法，如课前认真预习、上课时用录音机把老师的课录下来、请美国同学给我把内容重讲一遍等，来弥补我学科语言匮乏的不足。用外语学习学科知识，对英语词汇的理解和把握大都依赖学科内容的学习，很少有时间查字典、背单词。就这样，我第二年的学习取得了明显进步，有几门课还得了优秀。此外，我积极参与各种社交活动，主动与母语者交流。此时，我领悟到外语水平的提高不能只靠死记硬背，重要的是要浸泡在语言环境中。学成回国后不久，我参加职称考试，在没有复习的情况下，英语成绩为全校第一名。当时我是教育系唯一的留学归国人员，系里有关英语方面的事基本上都由我来做，例如开设教育专业英语课、接待外国的教育学者、撰写国际合作项目英文稿、洽谈国际合作项目、举办口译外国专家讲座等。这些能够使用英语的机会也使我的语言水平进一步提高。我常告诉学生，学外语就像爬滑梯，在没有爬到顶之前，不论爬得多高都能滑下来，但爬到顶就不下滑了。什么是"顶"呢？是你能够用语言的时候，是用外语去生活、去学习、去工作的时候。在我能用英语做这么多事情的时候，我便不用再刻意去"记"英语了。

英语浸入式教师有很好的机会去用英语，"教然后知不足"，在教学生的同时也能提高自己的英语水平。英语浸入式教师也不乏研究机会，有许多研究课题亟待开展。课堂是从事研究的基地，一线教师拥有这个基地，能得到许多有价值的素材，随时随地都可以做研究。

加拿大的爱芙琳娜・比莱-里斯翁(Evelyne Billey-Lichon)女士是全球第一位语言浸入式教师，她曾为英语儿童用法语开设了周末艺术课程，为之后的法语浸入式教学奠定了基础。她是公认的里程碑式的人物，是法语浸入式教育的开路先锋，推动了圣兰伯特学区、魁北克省、加拿大乃至全球的语言浸入式教育。她为语言浸入式教育作出了巨大的贡献，其执着的工作精神和高超的教学技能是语言浸入式教育工作者的楷模。

我国英语浸入式教学研究已有 20 多年的历史，涌现出了大批优秀的浸入式教师和学校管理者。张赛红、李义华、汤静、苗萌、张晓遐、周向红等都是我国英语浸入式课程教学的开路者，为我国英语浸入式教学作出了卓越的贡献。高红建、钟群莲分别是西安、广州第一批实验学校的校长，长期从事英语浸入式教学实验，积累了丰富的语言浸入式教学管理经验，培养了一批又一批英语浸入式教师。

我国英语浸入式课程与教学研究是中外合作的结晶，也是中外友谊的体现。外国专家同样为这个项目付出了许多心血。英语浸入式教育研究是跨学科的研究，集教育学、心理学、语言学、英语教学法研究为一体，综合性地探讨人的语言学习与发展问题。我们每一位研究者和实践者都是勤奋的、如饥如渴的学习者，是迈向新领域的勇敢的探索者。

英语浸入式教育经历了 20 多年的探索与创新，已在我国生根发芽，并不断发展、日趋成熟。从 2020 年开始，我们打算陆续出版这一系列的著作，主题包括小学语言浸入式教育比较研究、小学英语浸入式教学策略研究、中学英语浸入式教学设计、小学英语浸入式教学的实践探索、官方通用语言文字浸入式教育研究、中英双语智力三促进研究、内容型二语教学研究、英语浸入式教学评价研究、英语浸入式教学与教育国际化研究、语言浸入式教学中的语言认知发展研究等。与此同时，这些年来我们也关注到，中文作为外语的浸入式教学在美国等国家开展得如火如荼。随着国家的发展和强盛，中文和英文一样成为国际交流的主要语言，人类命运共同体的构建也离不开这两种语言在交流中所发挥的作用。我们也进一步关注到，我国少数民族地区的国家通用语言文字浸入式教学也在有序展开，这离不开北京师范大学郑新蓉教授的大力支持。这套丛书也包括作为外语的中文浸入式教育和作为第二语言的少数民族学生官方通用语言文字教育。语言浸入式教育的目的是培养双语人才。这是一个难在今日、功在千秋的事业，既关系到个人和家庭，又关系到民族、国家、世界。

这套丛书强调学术性，其中的理论部分来自实践并服务于实践、指导实践。这套丛书也强调实践性，可用于教师培训，有些内容具有很强的实操性。

我们将这套丛书献给对此领域感兴趣的广大读者，欢迎大家阅读、交流、批评、指正，希望这套丛书能为语言浸入式教育的相关工作者和研究者带来一定启发。

强海燕

2021年5月12日

本册前言

《基础教育学科新课标与我国英语浸入式教学策略发展研究》是“语言浸入式教学研究丛书”的一部分册。20世纪60年代加拿大成功的法语浸入式教学模式在世界范围内对第二语言教学产生了革命性的影响，这一影响也深刻触及了我国外语教学者长期探索第二语言教学模式的努力。在我国浸入式实验负责人强海燕教授的带领下，课题组成员赴加拿大、美国学校深入考察，与两国语言教学专家进行深入探讨，并邀请两国专家对中国开展浸入式实验的学校进行实地考察、示范教学、观摩研讨。中国浸入式教学实验模式既有对国外教学经验的借鉴，也在很大程度上结合我国学校实际开展的各学科教学内容不断创新、不断本土化。因加拿大法语浸入式教学模式较难直接应用于英语浸入式教学，我们的研究人员和实验教师与大力支持实验、勇担风险的一批又一批实验学校校长一起摸着石头过河，着力创建适合我国外语教学的浸入式教学理论体系。本部分册凝聚了我国浸入式研究人员的心血，他们长期深入课堂，总结我国浸入式英语教学的实践经验，精心提炼这一创新教学模式下的成功案例，在理论层面上实现了体系化的构建。

本部分册旨在建立我国浸入式理论体系，为语言浸入式教育研究者与实践者提供可参考的新模式、新思想、新方法。21世纪也是我国基础教育（尤其是英语教育教学）发生深刻改变的时期。2022年，我国基础教育英语新课标的出台明确了我国浸入式教学发展的大方向。我们始终坚持以核心素养为中心的育人目标，不断精进大单元主题教学，力求实现“教-学-评”一体化的教学原则。我国浸入式教学可以成为我国新课标实施的实践范例，是我国在世界语言教学发展中的重要力量。

本部分册分为上编和下编两大部分，这也体现了本部分册的两大主线。一条主线贯穿于前七篇文章，主要描述浸入式语言教学的总目标及其规律，如何提高学生听、说、读、写的能力，以及在教学中行之有效的教学策略；另一条主线贯穿于后八篇文章，从我国英语浸入式开展的学科内容切入，探讨各主要学科的教学策略，以及在数智时代下可运用的新技术。

上编第一篇文章由浸入式教学负责人强海燕、迟延萍、赵微共同撰写，总结并回顾了我国浸入式教学发展的历程、浸入式教学课程在不同阶段的设置、浸入式教学资源及浸入式实验学校校长对实验作出的杰出贡献。第二篇文章由西安外国语大学教授迟延萍撰写，论述了我国英语浸入式教学策略制定的依据，即我国英语课程标准所提出的以核心素养为核心的育人目标。我国英语浸入式教学策略体系包括理论体系、方法体系、策略的评价体系等，本册其他各章将在课程内容基础上体现策略体系的不同方面。第三篇文章由西安外国语大学教授李本县、吕允丽撰写，梳理了韩礼德的语域理论及其可用性，发现该理论包含的语场、语旨和语式三要素正好是解决英语浸入式教学中学科目标难以企及的切入口。第四篇文章由西安欧亚学院教师高宇婷撰写，探究了“以听说领先为目标”的浸入式英语教学模式，认为通过学科内容掌握英语，靠的是课堂内大量高质量的语言输入和学生的语言输出。第五篇文章由西安外国语大学教授樊桂芳、姚兴安及西安高新一中陆港初级中学教师周艳共同撰写，强调了开展小学英语读写结合教学的重要性。第六篇文章由西北政法大学国际交流与合作处国际合作科科长王梦琳撰写，探讨了浸入式教学模式在提高小学生跨文化交际能力中的潜在效用。第七篇文章由美国犹他州教育厅中文教师培训及课程开发项目官员赫德、美国犹他州华盛顿郡学区学校教师孙娟共同撰写，介绍了美国小学的浸入式语言教学模式及发展历程，文中案例也为中国浸入式教学提供了可借鉴的方法。

下编第一篇文章由西安湖居笔记小学老师杜超和陕西师范大学附属小学教师梁君共同撰写，介绍了小学英语浸入式综合课程的教学方式，为浸入式教学提供策略上的可借鉴之处。第二篇文章由西安小学副校长李义华和教师李晨共同撰写，提出生活实际、判断法、辩论法、故事法、表演法应当成为道德与法治课程教师经常运用的方法策略。第三篇文章由陕西师范大学教授魏朝明撰写，提出探究式教学、生活化教学和 PBL 教学应成为小学科学主要应用的教学策略。第四篇文章由西安小学教师汤静撰写，探讨了在全英语环境下小学美术教师应采取的教学策略，指出图像识别、美术表现、审美判断、创意实践和文化理解是浸入式美术教学策略实施的依据和目标，也是美术课评价的核心。第五篇文章由西安市莲湖区西电实验小学教师李明明撰写，提出明确、系统的英语语音拼读法教学能够培养学生的语音意识以及语音拼读法相关技能，从而有效提高小学生的阅读能力，发展学生的核心素养，使学生在学习过程中不断成长与进步。第六篇文章由加拿大不列颠哥伦比亚大学的教育学硕士凯瑟琳·约翰逊(Catherine Johnson)与盖尔·克里维尔-扎克斯(Gail Krivel-Zacks)共同撰写，介绍了浸入式教学中体育课程的教学策略。第七篇文章由俄亥俄大学教育学院名誉教授玛丽·芭芭拉·特鲁伯(Mary Barbara Trube)撰写，介绍了浸入式教学中音乐课程的教学重点。第八篇文章由陕西省莲湖教师进修学校研究院张广友、西安市新城区后宰门小学教师张雨竹及西安交通利物浦大学学生蒋佳源共同撰写，对微课的特点、类型、功能进行了分析，指出微课为浸入式教学提供了技术支持。

《基础教育学科新课标与我国英语浸入式教学策略发展研究》分册是我国浸入式教学专家、研究人员、教师及加拿大与美国浸入式研究专家共同合作的成果体现，该分册在撰写过程中得到了强海燕教授的直接指导和帮助，强海燕教授不仅为整部作品谋篇布局，还对文章的内容提出修改建议，并且亲自为该分册撰写了序言，编者及全体作者在此衷心感谢她为中国浸入式教学发展所作的贡献，也期望我们的努力能成为推动中国基础教育发展的重要力量。诚然，鉴于作者水平有限，书中难免有疏漏、不足之处，在此恳请广大读者提出宝贵的建议，以期本书能在日后修改完善。

迟延萍

西安外国语大学

2023 年 10 月 6 日

目　录

上　编　英语浸入式教学发展研究及教学策略基本理论

下　编　英语浸入式各学科教学策略

上　编

英语浸入式教学发展研究
及教学策略基本理论

我国义务教育阶段英语浸入式教学之探索
——基于 CCUEI 项目的研究

语言浸入式教学是让学生浸泡在外语或第二语言环境中的教学，强调习得、交际、学科、环境及语用能力。在国际上，语言浸入式教学的目的是发展学生目标语的知识与技能(特别是语用能力)，使学生能有效地通过外语或第二语言来掌握学科知识，同时不影响浸入式学生的母语发展水平，使浸入式学生了解和鉴赏目标语文化和母语文化[1]。

加拿大的法语浸入式教育引起了教育学和语言学研究者的高度重视，其成功经验已成为许多国家效仿的榜样，目前的浸入式教学包括法语、日语、汉语、印尼语、俄语、英语等语种，均取得了显著的成绩，赢得了广泛认可。语言浸入式教学在各国有不同的实践和产生背景，其教学模式也具有多样化的特点。

CCUEI 项目是我国英语浸入式教学实践与研究的成功案例之一。1996 年，在中加两国政府的积极推动下，“中加大学合作巩固项目”(SULCP)启动，其中一个子项目是“妇女和少数民族教育研究”，两国共有 8 所大学为项目单位；1997 年在该项目的少数民族双语研究中，加方专家及团队系统地引进了加拿大法语浸入式教学的原理与实践；几年后，一些美国学者自愿加入，该项目更名为“中国-加拿大-美国教育合作英语浸入式教学与课程研究”(CCUEI)。

一、英语浸入式教学改革的历程

(一)跨国引力

英语浸入式教学改革的动机在于“跨国引力”[2]。“跨国引力”指内在动力和外在潜力。内在动力是改革开放后我国对英语专业人才的需求。科技领域所取得的进步、知识在经济发展中的重要作用、教育的三个面向及国际化都体现了培养双语人才的重要性。外在潜力在于语言浸入式教学的创新性。法语浸入式教学是世界第二语言教学成功的典范，许多评估研究证明，浸入式儿童的法语、母语以及学科课程成绩明显高于其他学生，具有较强的文化敏感性，对其他文化表现出积极的态度[3]。这一点同样激励我国英

---

〔1〕 SWAIN M, JOHNSON R K. Immersion education: a category within bilingual education[M]//JOHNSON R K, SWAIN M(eds). Immersion education: international perspectives. London: Cambridge University Press, 1997:1－15.

〔2〕 QIANG H, KANG Y. English immersion in China as a case of educational transfer[J]. Frontiers of education in China, Springer, 2011, 6(1):8－36.

〔3〕 强海燕, SIEGEL L. 加拿大第二语言浸入式教学发展概述[J]. 比较教育研究, 2004(7):1－7

语教育者改革教学模式，将浸入式教学引入中国的英语教学中。

（二）决策与实施

英语浸入式教学对实验学校和实验教师提出了具体要求：实验学校要提供良好的语言环境，通过课时及课外活动安排足够的英语输入量，用英语进行德、智、体、美、劳全方位的教育；实验教师要成为学生语言学习的榜样，只用英语面对学生、解决教学中遇到的所有问题，掌握浸入式教学原理与方法，把"教英语"变为"用英语教"，边教学边研究，做研究型教师[1]。

1. 调整与适应

跨国教育迁移必须考虑借入国的教育政策和文化，以做出必要的调整来顺应国情。加拿大的半浸入式教学时数并不适合中国学校，项目组在 2001 年将浸入式教学时数减到周课时 8 节，占总学时的 27%，代之以增加学校英语环境来弥补不足。此外，项目组也根据教学实际整合浸入式课程，将用英语教授的五门课程融合为小学低年级的综合课程。这些调整基于中国学校的实际教学情况，在一定程度上减轻了实验学校的教学负担。

2. 动力与阻力

英语浸入式教学实施四年后，国家基础教育课程改革正式启动，英语成为小学三年级以上的必修课，这一改革也对浸入式教学的实施起到积极的推动作用。浸入式教学研究得到了省级和国家外语教育部门的认可，初步成果也吸引了媒体的关注。但是，浸入式课程计划、学科和教师安排是一个复杂的管理过程，教学负担、教师培训、教学评价和奖励机制都是影响实验学校项目实施的重要因素，制约了项目大面积的展开。从 2021 年开始，双减政策、教育公平、基础教育课程改革等成为新的结构动力，英语浸入式教学迎来了进一步发展的春天。

3. 实验学校与参与者

浸入式教育在小学的实验始于 1998 年，到 2004 年，实验小学第一届毕业生的浸入式学习成效引起了很大的反响，继而项目开始在初中实施。CCUEI 项目正式的实验中小学有 40 多所，实验教师 800 余名。项目实施的重镇是项目的诞生地西安，在深圳及澳门特别行政区的实施也取得了显著成果。项目的核心参与者是专家团队、教师和学校管理者，决定项目成功的是学生的表现、教师的教学水平和学校的发展。

4. 本土化

在借鉴、迁移、实施的过程中，浸入式教育在中国已有 20 多年的发展历程，项目组成员也逐渐摸索出了一条适合中国国情的本土化模式。首先，项目组借鉴了国外语言浸入式教学的原理，总结出"习得性、融合性、全英语、听领先、活动导向"[2]的教学原则，并将

---

[1] 孔祥娜．让英语学习"浸""浸"有味——专访英语浸入式教学专家迟延萍[N]．陕西教育报刊社，2021－01－19.

[2] 赵微．英语浸入式教学的基本原则[M]// 强海燕，赵琳主编．中外第二语言浸入式教学研究．西安：西安交通大学出版社，2001：80－88.

其内化为浸入式教师的教学观；此外，项目组也将北美的综合课程设计理念及经验方法运用到英语浸入式课程整合中。其次，项目组提出语言环境创设的重要性。实验学校通过英语角、双语早操、英语社团、英语研学活动、英语夏令营等，创设了丰富的英语环境，一定程度上弥补了课时量达不到国际上认定的半浸入式教学标准的不足。再次，项目组与国际学者共同对学生进行了多次测试，均发现浸入式学生比非浸入式学生在英语方面更具优势；到小学六年级，浸入式学生的语文和数学成绩也显著高于非浸入式学生，英语成为浸入式学生数学成绩预测的强指标[1]。

二、英语浸入式教学的优势

(一)创设类似于母语发展的自然习得环境

许多研究表明，尽管民族风俗习惯不同，但世界上几乎所有儿童习得本民族语的过程是一致的，一般都要经历 4 个阶段：咿呀学语、单词句、电报句和完整句阶段[2]。母语习得是自然的、无意识的“浸泡”过程。儿童的母语发展是为了和他人交往、认识客观事物、获得生活经验，是在非语言的交际中逐渐形成的。

英语浸入式教学借用母语的自然习得途径，将学生“浸泡”在语言环境中，以大量、丰富的语言输入为儿童创设生成外语的条件和基础，使语言学习变得轻松、愉快、自然。为此，英语浸入式教学全程使用目标语教学，将所学外语与事物、活动、情景建立联系，用英语直接思维进行教学，排除母语的干扰作用。教师作为儿童习得外语的样板，是学生语言环境的核心构成者。输入的目标语具有可理解性，输出的语言也遵循单词句、电报句到完整句的过程。外语浸入式教学坚持听领先原则，不急于让儿童表达教师刚刚输入的语言，认可语言发展的“沉默期”。英语浸入式教学与母语自然习得在原理上是一致的，但前者的习得环境是人工创设的，且在起始年龄、认知发展水平以及语言暴露的时间上都与母语自然习得有明显不同。

(二)在学科课程学习中发展学术语言

从 20 世纪 80 年代开始，西方国家第二语言与外语教学经历了一个重要转变：从孤立地教语言转变为将语言与内容学习相结合。这种转变催生了各种将学科与语言相结合的第二语言(外语)教学，语言浸入式教学就是其中一个典范，其理念是用外语作为教学语言教授非语言类学科课程。詹尼斯对语言浸入式教学进行了总结，第一条经验就是将第二语言教学与学科内容相结合比孤立、单纯地教语言更有效[3]，原因在于将学科内容与语言习得相结合能最大限度地扩大外语输入量，为儿童使用外语和发展外语技能提

---

[1] CHENG L, LI M, KIRBY J, et al. English language immersion and students' academic achievement in English, Chinese, and mathematics[J]. Evaluation & research in education, 2010(23): 151 - 169.

[2] 王蔷．小学英语教学法教程[M]. 北京：高等教育出版社，2006：9 - 10

[3] GENESEE F. Integrating language and content: lessons from immersion[D]. National Center for Research on Cultural Diversity and Second Language Learning, McGill University, 1994.

供了广阔而丰富的语言环境和大量的语用机会，学科内容也成为学生理解和获得新语言的基础，能激发学生的学习动机。

与母语授课的学科课程教学一样，在语言浸入式教学中，学科学习是第一位的、显性的，语言习得是第二位的、隐性的。詹尼斯认为，隐性的语言课程对学生的语言发展最为重要，能使学生更多地暴露在目标语之中，还能使学生在真实而有意义的背景中接触目标语[1]。在语言浸入式教学中，学科内容掌握甚至比语言掌握更重要。教师必须从全新的角度来看待语言教学：首先是教授学科知识，其次才是教授语言。这是一种“声东击西”的教学策略。学科技能与知识的掌握自然而然地为外语学习打下基础，语言是探讨和获得学科知识的渠道。目标语的熟练程度不是学科知识的前提条件，而是“同时”和“附加”的，是达到目的的手段。

三、英语浸入式教师专业发展的阶梯

（一）对英语零基础儿童用目标语进行教学

用目标语对英语零基础儿童进行教学是英语浸入式教师专业发展中的第一阶梯。英语浸入式教学要求教师自始至终只用英语与儿童交流。用英语作为教学语言为学生创设了学外语的真实语境，有利于培养英语思维习惯，避免母语的干扰。母语思维和翻译转换明显降低了语言的反应速度、流畅性和恰当性。

将儿童浸泡在英语环境中要求儿童必须努力去听、去猜测、去发现、去思考，并在听懂的基础上，逐步尝试用英语进行表达。对学生输入的语言要具有可理解性，可以通过师生之间的意义协商来帮助理解，儿童也可以通过已有的知识和经验来理解陌生的语言。儿童外语的发展水平与所接收的目标语输入量有直接的关系。浸入式教学每节课渗入的英语语言量远远大于传统的英语教学，语言也更加丰富，学生从中感受、模仿和理解语言，逐渐形成英语思维。教师要在不同的情景和活动中不断重复和变换语言表达方式，以增加语言输入的频率、广度和丰富性。

英语浸入式教学关注听和说之间的“沉默期”。大部分浸入式儿童明显存在这一时间差，这一点尤其需要引起教师的关注。教师要运用非语言交际创设交际情景，例如用眼神、手势、表情、动作、图片、简笔画等手段来降低语言难度，提高沟通效率。语言的输入与交流必须置于情景中，故事线索、熟悉的环境和人物、真实的生活谈话等都是语言接收和产出的情景。当积累了一定的语言信息量时，教师应不失时机地鼓励学生用英语进行表达。

英语浸入式教学还鼓励教师在课堂之外与学生用英语进行交流，提供非教学互动机会。英语浸入式教学也为教师提供了真实的语用环境，帮助教师提高语言水平。

（二）在全英语教学中培养学生的语音意识

在全英语教学中培养学生的语音意识是教师要攀登的第二个阶梯。项目组的研究

---

〔1〕 GENESEE F. Integrating language and content: lessons from immersion[D]. National Center for Research on Cultural Diversity and Second Language Learning, McGill University, 1994.

发现，英语浸入式教学在小学低年级注重“听领先、说随后”，积累一定的口语词汇量，为中高年级的读写技能发展奠定基础[1]。好的语言教学强调用听说技能来帮助发展理解和阅读技能。口语技能在语言学习的早期阶段非常重要。阅读和写作技能必须建立在好的口语基础上。

语音意识（phonological awareness）是接收和操作亚词汇语音单位（音节、韵脚、音素）的能力。已有研究证明语音意识与中英文的读写能力习得有很强的相关性[2]。如果学生的语音意识得到了良好的发展，就能做到听音能写，对语音及语感的敏感性增强，进而提高阅读能力。

西方的语言浸入式教学在很大程度上受到了全语言教学观的影响，不太关注从“音-语音意识-词”的角度探讨阅读，我国英语浸入式教学则用拼读法弥补这一不足。项目组的研究发现：英语拼读法教学重视语音意识的发展，注重培养学生对口语单词、音节、音素等语音结构的敏感性[3]。当学生的语音意识发展起来后，就知道单词由音素组成，有首音、尾音、音节和韵律。语音意识帮助儿童听到单词中不同的音，并学会用字母表示不同的音。

（三）用目标语进行学科教学

用目标语进行学科教学是教师专业发展中的第三个阶梯。提高英语浸入式教师学科教学的专业性是项目实施的难点，英语教师要向学科教师请教专业知识，参加学科教学研讨，熟悉所教学科的课程标准。此外，英语教师还必须了解浸入式学科教学的特殊性。

1. 学科目标与语言目标的关系

学科目标决定语言目标。英语浸入式教学将语言作为学习学科内容的媒介，将学科内容作为学习语言的源泉，具有双重教学目标。教师在备课时，要先根据学科内容的结构和逻辑性确定学科目标的顺序，再考虑语言要求的难易程度和学生的实际语言水平，这样就可以根据学科目标确定语言目标。从课程设计的角度来看，学科内容是第一位的，语言学习是第二位的。语言目标是在学科内容确定后才生成的，附着于内容[4]。

学科目标与语言目标是交融的。语言目标是学科目标的载体，在实际教学过程中，学科目标和语言目标是紧密融合在一起的，具有相辅相成的关系。学科内容以学术语言

---

[1] SIEGEL L, KNELL E, PEI M, et al. Teaching English to Chinese-speaking children[M]// CHAN C K K, RAO N. Revisiting the Chinese learner. Springer Comparative Education Research Centre, The University of Hong Kong, 2009: 233 - 240.

[2] SIEGEL L, KNELL E, PEI M, et al. Teaching English to Chinese-speaking children[M]// CHAN C K K, RAO N. Revisiting the Chinese learner. Springer Comparative Education Research Centre, The University of Hong Kong, 2009: 233 - 240.

[3] SIEGEL L, KNELL E, PEI M, et al. Teaching English to Chinese-speaking children[M]// CHAN C K K, RAO N. Revisiting the Chinese learner. Springer Comparative Education Research Centre, The University of Hong Kong, 2009: 233 - 240.

[4] 强海燕，刘羡冰，杨秀玲，等. 探索与创新：英语浸入式教育在中国[M]. 澳门：澳门科教文出版社，2009.

为载体，语言水平会对学科概念和原理的理解和运用产生很大影响。

学科目标与语言目标并行是英语浸入式教学的一个原则，即在英语语言学习中学习学科内容[1]。英语浸入式学科课程的教学以学科内容的学习为主要任务，在获得学科知识的同时渗透英语学习，充分发挥语言的工具性功能。

2. 核心词汇的重要性

英语浸入式教学中的核心词汇，是指具有学科特性的英语术语和直接体现学科内容的关键概念[2]。核心词汇教学的有效性同时关系到学科目标和语言目标的实现，是教学成功的关键。

在教授学科术语时，教师必须充分运用各种教学手段将抽象的概念具体化，并设计相关教学活动。经验性的、操作性的活动都会使新输入的语言成为可理解的语言。经验与语言相联系的过程能使学生从内容教学中学到语言，从语言输入和互动中学到内容。视觉材料和实物教具等工具的使用能为学生提供多元的通路和多感官运用的学习途径。

(四)用目标语进行综合课教学

全英授课的综合课教学是小学英语浸入式教师要攀登的第四个阶梯，此阶段难度较大，教师常表现出对综合课教学、单元设计的恐惧。

1. 六大学科融合的英语浸入式综合课程

项目组对传统的小学低年级分科教学进行了大胆的改革，以“主题教学”统整部分学科课程——品德与生活、科学、音乐、美术、体育、英语，从而实现了英语浸入式教学研究的质的飞跃。以主题单元为结构的综合课程教学符合浸入式学习的原则，有利于习得环境的创设，也符合小学低年级学生的整体认知特点。小学英语浸入式教学的实验过程也是逐步以“综合主题单元教学活动”的教学材料取代实验前期使用的全国各科小学统编汉语教材的翻译过程。小学低年级英语浸入式综合课程适应了我国基础教育课程改革的要求。

小学英语浸入式综合课程采用单元主题教学，具有多学科的融合性。以“冬天”这个单元为例，单元主题属于人与自然的范畴，从 4 个维度展开主题教学。维度一是季节的特征与变化。第 1 课至第 3 课讨论四季的变化和冬季的特点，让学生认识雪花的形状与特点，并手工制作“雪花”；通过故事《雪孩子》学习助人为乐和勇敢的品质。维度二是季节与生活。第 4 课和第 5 课让学生模拟雪地里的游戏，感受游戏的乐趣，了解各种保暖服装及其用途，形成冬天要进行保暖的自我保护意识。维度三是身边的自然现象与生态环境。第 6 课让学生通过小实验探究水的 3 种形态，体验冰冻与融化现象，学会利用冰冻现象制作简单的立体模型，培养观察能力和科学探究能力。维度四是常见的动物与生活环境。第 7 课让学生认识冬眠动物、了解冬眠动物的生活习性及住所，通过听故事《找朋友》树立保护动物、保护环境的意识。

---

[1] 赵微，张广友．中学英语浸入式教学设计原理与案例[M]．西安交通大学出版社，2019.

[2] 强海燕，刘羡冰，杨秀玲，等．探索与创新：英语浸入式教育在中国[M]．澳门：澳门科教文出版社，2009.

单元学科内容目标涉及6个不同的学科领域:认识冬天的天气特征和动植物的变化;能以丰富多彩的形式表现对冬天的认识和感受;了解和体验人们在冬天的活动;发展观察、创造、想象和归纳推理能力;发展平面与立体造型的动手制作能力,会对自己和别人的艺术作品进行简单的评价;学习英语儿歌,体会3/4拍节奏,感受音乐和身体动作的和谐;积极参加体育活动,发展体能和活动技能,能模仿简单的舞蹈和韵律活动动作;培养团队合作能力,学会分享、交流与互助。

2. 弱背景教学任务和认知挑战任务

浸入式教学倡导背景嵌入任务和认知挑战任务,主张教学活动应该是经验性的、可动手操作的、合作的、能使学生做出认知努力的。

"背景"是指在外语浸入式教学中,对语言和内容学习起支持作用的非语言方面和主体经验的范围(即主体参与的程度)。由于我国大部分学校班级规模较大、课堂空间较小,使用背景嵌入任务不够现实。在我国,目前英语浸入式教学使用较多的还是弱背景教学任务,依靠对教学内容的非语言支持(如图片、实物教具、操作物或有意义的情景等),意义主要通过语言来实现。例如,在教授"蔬菜与水果"这一课时,教师可组织学生进行超市情景模拟(使用教学挂图)等游戏。弱背景任务在我国英语浸入式教学中切实可行,教学效果良好。

英语浸入式教学以学科知识内容为重点,通常具有认知挑战性,所设计的活动既要让学生容易理解教学内容,又要使学生付出认知努力。例如,"树"这一课的问答活动(为什么动物喜欢树)、讨论活动(树对人的好处是什么)和保护植物的角色扮演活动都是具有认知挑战性的任务。

英语浸入式综合课教学仍旧需要融合学科与语言,不同的是每一课里的学科目标是多个学科目标的融合,教学活动的设计要为实现多个学科目标服务,比单一学科的全英教学更复杂。但只要常看教学指南,牢记双目标,运用好弱背景和认知挑战性任务,就能顺利迈过第四个成长阶梯。

每攀登一个阶梯,都是教师教学观刻骨铭心的蜕变,是教学原理与方法的深入理解与升华。浸入式教师们在不断的历练中,取得了一系列傲人的教学成绩。越来越多的实验教师成为研究型教师,并最终成为实践专家。

四、结语

语言浸入式教学是国际上流行的第二语言(外语)教学模式。本文阐述了英语浸入式教学在我国的发展历程,论述了英语浸入式教学原理,即通过用英语教授非语言学科来拓展外语学习的途径。英语浸入式教师专业发展的阶梯反映了英语浸入式教学的基本特征,体现了"内容、学科、目标语教学"在外语教学中的重要价值及可行性,与新一轮课程改革理念相吻合,对我国中小学外语教学改革具有启发意义。

核心素养与英语浸入式教学策略体系的建立

《义务教育英语课程标准(2022 年版)》确立了以立德树人为根本任务的英语课程性质和课程理念,并指出核心素养是课程育人价值的集中体现,是学生通过课程学习逐步形成的适应个人终身发展和社会发展需要的正确价值观、必备品格和关键能力,它关系到通过英语课程“培养什么人”“怎样培养人”“为谁培养人”[1]的根本问题。英语课程培养的学生核心素养包括语言能力、文化意识、思维品质和学习能力 4 个方面。语言能力是核心素养的基础要素,发展语言能力能够使学生在感知、体验、积累和运用等语言实践活动中认识英语与汉语的不同,逐步形成语言意识,积累语言经验,从而进行有意义的沟通与交流。文化意识体现核心素养的价值取向,文化意识的培育有助于学生增强家国情怀和人类命运共同体意识,提升文明素养和社会责任感。思维品质反映核心素养的心智特征,指人的思维个性特征,反映学生在理解、分析、比较、推断、批判、评价、创造等方面的层次和水平,思维品质的提升有助于学生提高发现问题、分析问题和解决问题的能力,有利于学生对事物作出正确的价值判断。学习能力是核心素养发展的关键要素,指积极运用和主动调试英语学习策略,学会反思和评价学习进展,学会自我管理,提高学习效率,做到乐学、善学。

《义务教育英语课程标准(2022 年版)》也明确了指向学生核心素养培养的英语课程目标,核心素养是义务教育课程标准之“魂”,要围绕核心素养来确定课程目标,选择课程内容,创新教学方式,改进考试评价,指导教材建设,开展教师培训[2]。

始于 20 世纪 90 年代的英语浸入式教学,在借鉴国际上流行的各语种浸入式教学模式的基础上,经过多年的国内实践,本土化为我国学生英语学习的一种重要方式。我国的英语浸入式教学确定的学生培养目标与核心素养的指向是一致的,即培养能够流利使用双语进行学习和工作的人才。英语浸入式教学吸收了国际语言教学的成功经验,开发了各学科课程,将语言与课程内容相融合,充分体现学科本身的育人价值;同时借鉴了国际语言教育的先进教育理念,以主题单元形式统整各学科内容,在 1997 年开始了从幼儿园直至高中的浸入式教学实验。幼儿园阶段以半日制活动为主,用浸入式教学模式完成幼儿园 5 大领域的学习活动内容;小学阶段采用将科学、品德与生活(社会)、音乐、体育、美术 5 门学科融为一体的综合课程;中学阶段各校自主选择浸入的课程,如物理、化学、科学与社会等。各实验学校还根据学校发展的实际,开设本校特色校本课程。经过 20 多年的实践探索,浸入式教学为社会培养了众多德、智、体、美、劳全面发展的人才,也为

---

〔1〕 中华人民共和国教育部. 义务教育英语课程标准(2022 年版)[M]. 北京:人民教育出版社,2022.

〔2〕 中华人民共和国教育部. 义务教育英语课程标准(2022 年版)[M]. 北京:人民教育出版社,2022.

高校输送了一批又一批双语人才。

我国英语浸入式教学如今又迎来了英语课程改革的新时期，在核心素养为导向的英语课程新课标理念指导下，如何构建浸入式学科教学科学体系成为目前浸入式教学发展的又一重要课题。本文试从英语浸入式教学策略体系的建立入手，探讨我国浸入式学科教学科学体系的构建。

一、教学策略体系的建立

我国小学英语浸入式教学始于1998年，教学内容采用小学各分科的学科内容，即品德与生活(社会)、自然、体育、美术、音乐和英语学科，除英语课程外，其他课程均使用汉语版的教材内容，教师通过自行翻译将内容转化为英语语言进行授课，教学模式与其他课程保持一致。随着21世纪国际语言教学改革的推进，我国浸入式教学开始尝试使用国际初等教育课程改革提倡的主题单元形式统整课程内容，较早开创了我国初等教育综合课改革的先河。英语浸入式教学将实验的5门课程(品德与生活、自然、体育、美术、音乐)在小学一二年级按照主题单元形式进行统整，每学期4个单元，共计16个主题，涉及小学一二年级5门课程的所有内容。随着学生学习内容的加深，三至六年级的浸入式教学内容以科学课和品德与社会课为主，将语言与内容相结合，在内容的创编方面将课程内容与故事等形式相结合，满足了学生在语言深度、难度和广度的发展要求。

我国英语浸入式教学内容体系逐步确立并不断完善，对浸入式教学策略体系的建立提出了新要求。浸入式教学策略体系的建立可以为教师教学提供重要的理论和实践支撑。

在理论探讨和实践的基础上，浸入式教学策略可确立为浸入式教师教学策略和学生学习策略两大方面，教师教学策略可分为浸入式教师教学准备策略、教学过程指导策略、教师培训策略、教师教学激励与奖励策略、教学评价策略等；学生学习策略可分为学习规划策略、学习交流策略、认知策略、建立学生学习档案及信息平台策略、学生语言能力评价策略等。根据综合课程及各学科教学内容确立教学策略与体系，可进一步推动我国浸入式教学的发展，有利于学科教学体系的建立和完善。

二、浸入式教师教学准备策略

浸入式教师教学准备即教师为了准确理解浸入式教学模式，根据浸入式教学原理、原则等所做的准备工作。在这一阶段，教师可考虑以下策略。

首先，教师要根据英语课程标准准备教学工作，应准确理解核心素养的英语课程目标、英语课程四种能力学段的目标、英语课程内容的六要素、英语课程标准中各级学业质量标准、英语课程标准的评价原则，从而更好地发挥核心素养的统领作用，以主题为引领选择和组织课程内容；践行学思结合、用创为本的英语学习活动观，将学业质量标准与“教-学-评”一体化设计相结合。

其次，教师要基于我国英语浸入式教学模式准备教学工作。教师应准确理解浸入式教学的原理与原则，我国浸入式学科教学的内容范围、学科门类、主题单元及综合课程与分科课程的组织，我国浸入式教学学段目标与核心素养4个方面的关系，我国浸入式教学综合课程的目标，以及我国浸入式教学的评价体系。通过对这些方面进行深入理解，教师要能够总体掌握我国浸入式教学目标、原理、模式和方法，增强教学的自觉性、能动性和创造性。

再次，教师要熟知浸入式学生学习策略，包括学生学习规划策略、认知策略、交流策略、档案建立策略等。

三、浸入式教师教学指导策略

若要将理论更好地运用到教学过程、实现教学过程两个基本转化，就需要持续加强对教师教学过程的指导和培训，为教师提供帮助和支持。PBL教学法则提供了很好的策略。

PBL教学法(Project-Based Learning)，也称作问题式教学法(Problem-Based Learning)[1]，最早起源于20世纪50年代的医学教育，是基于现实世界的以学生为中心的教育方式。PBL学习的核心是通过"以学生为中心"的理念优化传统教育中的被动学习模式，激发学生的创造力和潜能，让学生从被动学习者转变为主动学习者。PBL以服务学生的学习为目标，学生完成每一个项目都需要自主学习并运用学科知识，从而培养批判性思维能力、解决问题的能力、团队协作的能力和自我管理的能力。在PBL中，教师、学生及所有参与该项活动的人员相互合作，同属一个学习共同体，学生在项目学习的过程中，要积极寻求与学习团队中的其他人进行合作，建构对知识共享的理解，一起解决问题。PBL的理念与新课标所倡导的教育理念相一致。在英语浸入式教学过程中，可根据学科内容和认知的要求充分运用这一教学方法，调动学生学习的主动性与创造性。综合课各主题单元及各分科课程中有丰富的可用PBL操作的内容，在运用这一方法的过程中，学生要从一个需要解决的问题开始学习，这个问题被称为驱动问题(driving question)。学生在一个真实的情境中对驱动问题展开探究，解决问题的过程类似学科专家的研究过程。学生在探究过程中学习及应用学科思想，教师、学生或其他成员参加协作性的活动，一同寻找问题解决的方法，这与学科专家解决问题时所处的社会情境类似。这一方法为学生搭建了脚手架，帮助学生在活动的参与过程中提升学习能力。

四、浸入式教学评价策略

教学评价是浸入式课程学习和教学活动的重要组成部分，对保证课堂教学和学生的学习效果至关重要。教师应充分了解教学评价的作用，明确教学评价应遵循的原则，基于评价目标选择评价的内容和方式，通过教学评价的开展和实施准确把握学生学习的状况，了解教学效果，调整教学进度和难度，达到以评促学、以评促教的目的。

(一)英语浸入式教学评价的原则

1. 促进学生全面发展与英语课程核心素养相结合

教学评价的目的就是以评促学，即通过以核心素养为导向的教学，更好地促进学生

---

[1] 丁晓蔚."基于问题的学习"教育价值之我见[J].现代教育科学,2010(8):25.

全面发展。《义务教育英语课程标准(2022 年版)》以核心素养为立意,提出语言能力、文化意识、思维品质、学习能力 4 个素养的学段目标,并提出各学段核心素养的维度标准,如语言能力的维度标准包括感知与积累、习得与建构、表达与交流 3 个方面,在一级阶段(即小学三四年级),感知与积累方面要求学生领会和表达关于个人信息的内容、使用日常基本用语、借助图片读懂故事、正确书写基本词句等,强调语言基础知识和相应能力的掌握。英语浸入式教学在评价过程中应始终围绕核心素养的 4 个方面展开,它们既是教学评价的出发点,又是教学评价的落脚点,丰富了英语课程的内涵,使英语课程从单一的语言技能训练提升到培养全面发展人的高度。

2. 指向课程内容要素的教学评价与学业质量标准相结合

学业质量标准规定,不同学段的学生通过课程内容的学习所应具备的能力和必备品格,是教学评价的基本依据。根据学业质量标准从教学内容 6 个主要方面展开具体的英语课程教学评价,是这一原则的基本含义。《义务教育英语课程标准(2022 年版)》以培养学生综合运用语言能力为课程总目标,确定了构成教学内容的 6 大要素,即主题、语篇、语言知识、文化知识、语言技能、学习策略[1],强调语言学习要以主题为引领,以语篇为依托,将语言知识和文化知识的学习、语言技能和学习策略的发展整合在一起,最终实现对主题认知的升华。学生要能运用语篇文体及结构特征,在理解主题背后深层含义的基础上,学会运用所学语言和语篇知识,创作出新的语篇,用于表达个人对主题的认知态度和价值判断。主题起到引领和统筹的作用。在评价过程中,教师是否围绕主题实现单元教学目标是衡量教学过程、手段、方式等的基本前提,具体体现在教师对主题单元目的的准确把握上。《义务教育英语课程标准(2022 年版)》将主题划分为人与自我、人与社会、人与自然 3 个大维度,分别以自我、社会、自然为视角,设置了不同的主题群。教学评价以主题群为主要的评价内容范围,评价标准以《义务教育英语课程标准(2022 年版)》三级学段目标和三级学业质量标准为尺度,衡量教学是否体现主题内容并准确把握单元主题的教学目标。语篇是《义务教育英语课程标准(2022 年版)》新增加的重要教学内容。语篇是语言和意义的载体,有意义的语言学习必然依托语篇展开,语篇是表达意义的基本单位。语篇可分为不同的类型,语篇类型既包括连续性文本,如对话、访谈、记叙文、说明文、应用文、议论文、歌曲、韵文等,又包括非连续性文本,如图表、图示、网页广告等。在教学评价过程中,应看到丰富的语篇类型也为评价提供了多样化的方式。语言知识、文化知识、语言技能、学习策略等教学内容方面的评价也需要与内容要求、学段目标、学业质量标准相结合。

在英语浸入式低年级综合课程中,每一单元至少包含 2 个语篇,三至六年级的品德与社会课程和科学课程每一个主题下的单元包含多个语篇。综合课程、品德与社会课程和科学课程既包含本门课程的内容,又包含与主题相关的中外人文和科学知识、儿童故事、寓言、科学实验、美术创作、音乐鉴赏等,通过丰富的学生学习与生活的真实情景,让

---

〔1〕 中华人民共和国教育部 . 义务教育英语课程标准(2022 年版)[M]. 北京:人民教育出版社,2022.

学生在各种活动的亲身感受中理解、比较、分析和评价语言传递的文化意义，将语言、文化、思维活动融为一体。教师要引导学生在这一过程中发展语言能力、发现真善美，汲取文化精华、涵养内在精神，从而使学生形成良好的修养和正确的行为取向。浸入式教学的长期实践证明了主题单元形式是核心素养培养的落脚点，语篇是学生学习的依托，通过对语篇的学习和掌握，学生可以在体验中学习技能、在实践中运用技能、在迁移中创新技能，教师通过组织与学习理解相关的活动，帮助学生形成结构化认知、培养高阶思维，从而发展学生的核心素养。

3. 多元评价方式并用

多元教学评价指在真实教学环境中对学生进行多元化的评价，关注学生智能多方面的发展变化，以服务教学为目的。多元评价理论认为人的智力不但包括语言智能、数理逻辑智能，还包括音乐智能、空间智能、人际交往智能、自我认识智能等，由此构成多元化的人类智能[1]。基于人的智力的多元性，学科考试成绩不应成为评价唯一的依据。建构主义学习观对多元教学评价有着深远的影响。建构主义学习观认为，学习是一个能动建构的动态过程，学习者通过自己的经验，主动对新知识进行分析、检验和批判，不断进行自我反省、自我监督、自我总结，以评价学习成效。学习者在一定的有意义的教学情境中，通过与他人的沟通、协作获得有益的信息，以进行知识构建。基于这一理论，实施多元教学评价原则应做到多种评价方式结合，在教学评价中增加形成性评价的比重，多维度、多种手段并举，采用体现学生动态变化的"档案袋式评价"[2]。教学过程是动态的，学生的成长是一个发展的过程，因此，教学评价也应是一个动态的过程。教师应用发展的眼光去看待每一位学生，所以评价应是可持续性的。档案袋式评价较好地发挥了动态评价的特点。此外，教学评价还应真实化，教师应为学生创设多样的真实场景，如运用知识完成某项任务或进行专题讨论、主题演讲、角色扮演等，学生通过有意义的课堂活动内化知识，在活动中获取、发展认知能力，达到在用中学、学中用的目的。

4. 着眼于教师教学水平的提高

浸入式教学评价应分为两个方面：一是对教师课前准备的评价，二是对课堂教学及测试的评价。课前准备评价内容包括是否有合格的浸入式教案、是否制定了正确的学科及语言教学目标、是否建立了良好的师生关系、是否为学生创造了良好的学习环境和氛围等。课堂教学及测试评价内容包括是否向学生说明学科知识的教学目标、是否调动了学生学习的积极性、是否向学生及时反馈信息、是否帮助学生了解自己的学习状态等。

综上，英语浸入式教学策略体系的建立是一个系统工程，需要结合教学实际、浸入式教学目标及国家英语课程标准指导等方面。因此，浸入式教师需熟知国家英语课程标准和目标，每一节课都应在明确的目标指导之下进行，选择恰当的教学策略并与相应的评价策略相结合，密切关注教学效果，不断思考如何运用教学策略促进学生的发展和提高。

---

〔1〕 加德纳．多元智能[M]．沈致隆，译。北京：新华出版社，1999

〔2〕 雅斯贝尔斯．什么是教育[M]．邹进，译.上海：生活·读书·新知三联书店，1991.

语域理论与语言二级共核学说观照下的“浸入式英语”学科目标实现策略探讨

一、绪论

浸入式外语学习始于20世纪60年代的加拿大魁北克省的圣兰伯特学区，初创的目的是解决英语语言社区的孩子学习法语的难题。后来，这种革命性的教学方法被定义为一种能有效地通过第二语言掌握学科知识，并通过第二语言的学习增进对他者文化的理解和鉴赏的崭新外语学习模式[1]。浸入式法语一经问世便因其效果突出受到许多外语教学者和学习者的关注，很快衍生出浸入式英语、浸入式汉语、浸入式西班牙语等教学手段。在我国幼儿园、小学及初中阶段，浸入式英语沿用初始名称 EI(English Immersion)，而到大学阶段则有类似的 CBI 教学法(Content-Based Instruction)，即“基于内容”的教学方法。华南师范大学的强海燕教授将 EI 与 CBI 形容为浸入式教学法的相对的两端。不论运用哪种模式，不少一线教师都在较好实现语言目标的同时，依然为实现学科目标中遭遇的种种挑战而困惑。其中的原因有尝试新的教学方法遇到的普遍问题，但更多的可能是理论层面对这一问题的探讨相对滞后。事实上，目前在国内尝试 EI/CBI 教学的教师中，绝大多数的教育背景为英语语言文学，正式进入 EI/CBI 教学后遇到的第一障碍很可能是跨域、跨学科过程中出现的词汇难题，于是便产生了多种词汇学习宝典，如运用词根法、词缀法、对比法、联想法、分级法、语境猜测法，甚至逻辑上的归纳法及演绎法等，以应对外语学习中的最大难关。这些技巧在实际应用中显然只为学习者遇到的微观问题提供了具体答案，而对于中观和宏观的策略及学科目标难以企及等难题仍不得要领。笔者加入迟延萍教授主持的陕西浸入式英语教学项目及其领导的研究团队后，开始注意探讨解决学科目标实现的策略，思考了这两个问题：(1)EI 教师，尤其是 CBI 教师在事半功倍地完成语言目标的同时，如何培养 EI/CBI 学习者得体的学科语言产出和语篇生成意识？(2)教师怎样从教案设计入手融入学科理念、导入学科语言？结果发现，现有的语言学理论在整合后就可以为我们提供解决问题的路径。下文将以韩礼德(Halliday)的语域学说为依据，以语言共核理论基础之上的二级共核理论为观照，以不同课型中的正反例子为语料，从不同层面对涉及 EI/CBI 学科目标实现的策略问题展开讨论。

二、文献综述

“语域”(register)是语言学家里德(Reid)在1956年研究双语现象时首次提出来的概念，旨在研究语言运用变体这一现象。韩礼德在研究“语言规划框架”(Institutional Lin-

---

[1] 强海燕．教育国际化与语言浸入式教育[M]．广州：广东人民出版社，2013.

guistic Framework)时，对语域进行了系统的整合。他将语域描写成与某一情景类型相联系的意义结构，即一组适合于某种具体功能的意义及用来表达这些意义的词汇和语法结构。换句话说，语域是由多种与情境特征相联系的语言特征构成的，是语篇针对特定的交际场合、为达到某一交际目的而产生的一种功能变体，是多种因素的综合体现，而不只是一种单纯的语篇方式变体。数学语言有数学语言的语域，人工智能有人工智能的语域，体育英语的语域自然也具有该特定领域语言的意义，即一般语言在体育课上情景化的使用，而非全部体育活动本身的术语。正是这些意义以及表达这些意义的风格和表达方式本身，构成了一个语域。一般说来，语域的构成要素有 3 个：语场(field)、语旨(tenor)和语式(mode)。语场指交际者从事的活动和语言交流，其中的活动主题和围绕该主题进行的交际活动构成语场的核心。交际参与者应运用最得体、最易于内行接受的语言完成交际，即必须选择业内人员熟悉的术语、行话、固定的语法，甚至语音和语调等来完成交际活动。语旨包括交际者的身份特征，即专业人员、非专业人员、操母语的专业人员或讲非母语的专业人员；交际的目的是传递信息、命令、规劝、试探、威胁、恳求或是拒绝等。语式即交际的方式，包括面对面交际、电话协商、网上视频、书面信函沟通等，或者是将不同的交际方式混合使用。在语场、语旨和语式三要素中，语场的内容往往制约了语旨和语式的选用，但后者对前者又有一定的限制。借用文体学的话来说，语域影响文体最明显的例子就是不同的内容在不同的语境下要用不同的词。意义来自语境，没有语境就没有意义。

语域理论一经引入，在我国外语教学中的应用价值便逐渐显现出来。刘澍心在 2006 年发表的一篇论文中分享了自己的研究发现：不同的语域基于不同的情境类型，而情境类型与语言的意义潜势相联系，从而产生各种各样的语言变体[1]。教师语体风格受制于教师角色、教学对象、教学内容、教学手段、课堂形式等课堂语境因素，表现出语体形式的融合性、教师角色的表演性和课堂组织的主控性特征。卢金霞与张颖于 2007 年撰文探讨语域理论对词汇教学的贡献，回答了词义对语域的依赖和词汇共现两个问题[2]。刘林林与党文霞在其合写的语域指导阅读教学的论文中指出，韩礼德的语域理论有两个主要功能：一是反映文化，如通过分析英语教材阅读的文化语境，学生可以了解相关的社会文化和背景，从而更好地理解文本内容；二是通过语境预测语言使用，从语言使用预测语境[3]，程晓堂应用语域理论的语场、语旨和语式三要素，对诗歌的语义和语体进行了探讨[4]。王雅丽将语域理论用于英语语篇的分析，其中着眼点也放在三要素功能的分析上[5]。

学者们从不同视角探析了语域理论对外语教学的启迪，但鲜有学者以语域理论为观

---

〔1〕 刘澍心．教师语言的语域：课堂语境因素与教师语体风格[J]．湘潭师范学院学报(社会科学版)，2006(5)：130－131.

〔2〕 卢金霞，张颖．语域理论与英语词汇教学[J]．牡丹江教育学院学报，2007(2)：122－124.

〔3〕 刘林林，党文霞．语域理论对高中英语教材阅读教学的启示[J]．校园英语，2018(26)：103－104.

〔4〕 程晓堂，语域理论与诗歌的语义和语用分析[J]．外语与外语教学，2002(4)：11－14.

〔5〕 王雅丽．语域理论在新闻英语语篇分析中的应用[J]．华东交通大学学报，2006(6)：128－128，149.

照对 EI/CBI 教学中的语域混淆问题进行研究，利用语域理论进行 EI/CBI 教学中实现学科目标的研究更是寥寥无几，这一空白为我们的研究提供了宝贵的探索空间。

三、教学策略

(一)问题辨识与语域误用

1. 语场问题

语域在很大程度上由语场决定，具体课程内容涉及的课堂教学活动及完成这些活动的系列任务包含了不同于其他课堂的词汇，这些词就是一个特定领域的标志。比如，在小学体育课中，讲解跳绳就要用 got tripped(绊到脚了)、double-jump(双摇)、jump with tricks(编花跳)、jump backwards(倒着跳)、messed up(跳砸了)等表达；讲解排球则会涉及 service area(发球区)、blocking(拦网)、block point (拦网得分)、spike off the block(打手出界)、back toss(远网扣球)、vertical rod(标志杆)、attacking shot(攻击性发球)等术语。

一方面，这些为数不多的术语以及包含这些术语的语域恰恰是区分不同专业、不同学科表述的关键，也是教学中学科目标和语言目标都不应忽略的难点和重点。另一方面，师生都要认识到，专门术语的堆叠并不能代替语域成为内行认可的标志。而这一点，正是许多 EI/CBI 教学的短板。正如西安 EI 课题组负责人迟延萍教授在评课时多次呼吁的那样："讲美术课就要像个美术教师，讲体育课就要像个体育老师。"其中的深层问题是什么呢？英语老师对所讲的专业还有距离，课程目标的实现还没有达到要求的水准，其中的语场意识和词汇储备不足就是一个明显的问题。

以浸入式美术课为例，老师在课堂上给学生要讲的是点、线、面、几何图形、色彩和美学知识的综合运用，但基本的技能首先应从观察和听懂绘画相关词汇或表达(如中心点、六角形、直线、交汇、V 字形的图案、长度一样的直线、涂色等)开始。若这些表达没有在美术语境中被得体应用，就很难构成一个具体的绘画课的语场。比如，在教小学六年级学生"如何画雪花"这一节美术课中，浸入式教师就可进行如下的讲解和演示。

How to Draw a Snowflake

Drawing a snowflake is by no means difficult if we can clearly explain the steps our students shall take. By drawing simple shapes like a sexangle (hexagon) and three lines across the middle point first, you'll be able to easily add in details later and draw a snowflake that looks pretty and wonderful. Now, boys and girls, draw your own snowflake while watching how I'll do it on the blackboard.

Step 1: Find out the middle point (center) in a sheet of paper and draw a six-angle shape (hexagon), which we call a diamond or sexangle. A sexangle (hexagon) has 6 sides that are all the same length. Use a ruler to draw it so the lines are straight and even.

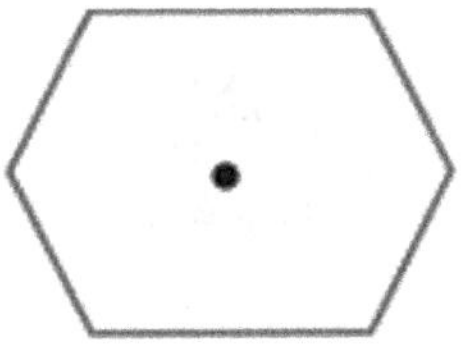

Step 2: Draw a line from each corner of the sexangle (hexagon) to the top (corner) across from it. You should draw a total of 3 lines, which will all overlap (intersect) in the center of the hexagon.

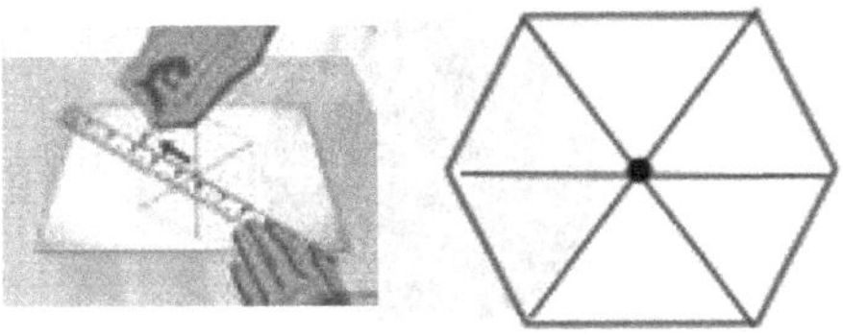

Step 3: Draw a 6-pointed star in the center of the hexagon. Since your hexagon is divided into 6 parts of equal area (six equal sections) by the lines you drew connecting the corners, you should draw 1 triangle with its one point up towards the frame line. Try to make the points of the triangles about halfway between the center and outside of the sexangle (hexagon).

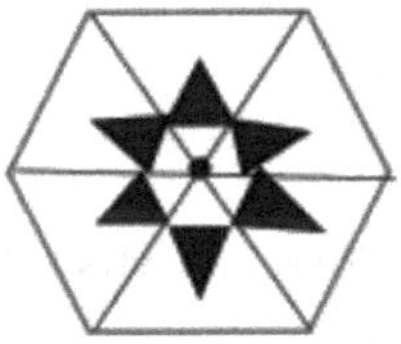

Step 4: Draw the basic appearance (sketch the outline) of a snowflake over the lines you've drawn so far. At this point, you can use your imagination and draw your own favourite snowflake. However, it's a good idea to make your snowflake well-balanced (symmetrical) so that it looks lively. Draw a short V-like set at base and a long V-like set over the lines connecting the corners of the hexagon.

Step 5: Remove (erase) the extra lines around your snowflake and stars made of the triangles around the middle point (center). Now that you've drawn the outline of your snowflake, you can go back in and erase the hexagon lines. Once you erase these lines and pattern, all you'll have left is your snowflake!

Step 6: Paint (color) in your snowflake with white, blue, and orange and put it in the dark background. Although snowflakes are mostly white, you can still add some blue and purple to make it look reflective and realistic.

假如这节美术课使用了括号中画线的词或语句，教师就能构建一个得体有效且有别于其他课型内容的精准语场，学生的语言目标和课程目标会有机融合，避免了顾此失彼的问题。

2. 语旨问题

语旨反映的是语域中的参与者与其身份之间的关系。下文为某小学五年级学生的体育课列队训练片段（浸入式英语课）。

T：Good morning, class.

Ss：Good morning, teacher. (Correct: Miss Zhang)

T: We will do some warm-up exercise, then play the basketball. (Correct: then play basketball.)

Ss：OK.

T：Look at me and have two lines.

Ss：(Line up following the teacher's gesture.)

T：To my left is the line of girls and to my right is the line of the boys. Come on.

Ss：Right.

T：Please be quiet, be quiet please, boys and girls. (Correct: No talking, class, get ready to march.)

Ss: (Calm down a little bit.)

T: Girls, please turn left and start to walk and boys please turn right to walk. (Correct: Attention, everyone, girls right wheel and boys left wheel, forward march.)

Student A：Sorry, I am late, Miss Zhang.

T：Fine，Xiaohua，please find your position and join us quickly.（Correct：Come on，Xiaohua. Take your post.）

T：Now class，let's practice stretching your hands. Stretch to our side and stretch to our front，five times.（Correct：Side raise，one，two，three，four，five；Front raise，one，two，three，four，five.）

...

从括号中补充的信息可见，这节体育课的语篇构建总体安排缺少语旨意识，主要原因是忽略了英汉语言母语使用者在体育课上不同的思维方式，翻译痕迹明显。英语对学科精分细切，术语特点鲜明，范畴概念在其语言中表现明显；汉语整体意识强烈、相互连贯。体育教学中有许多词浅显易懂，一般而言列队练习的口令要简洁明了，忽略这一点便很容易出现词、句、语气甚至口吻方面的负迁移，造成语旨混淆，最后导致师生之间建立的关系不够得体，没有等级和分工的差别，使五年级体育课看上去像游戏课，难以实现总体学科目标。

实际上，这种语旨意识模糊现象在小学高年级体育小球类的课程及大学 CBI 国际贸易谈判等教学中都有出现，是个性中的共性问题。

3. 语式问题

语式涉及以什么方式完成沟通和交际的问题。从课堂观察和教师的教案可见，浸入式教师将更多精力放在以何种方式将知识和技能传递给学生等方面，但容易忽略语式问题，如用正式语体还是非正式语体、是评论还是说明。如在综合英语（Integrated English）课程中有思想品德（Moral Education）的内容，有一篇故事题目为“The Proud Bee”。学生们先阅读屏幕上的故事，老师再分享她改编的脚本并由学生表演。

The Proud Bee

It is a warm spring afternoon. The birds are singing and lambs grazing at the foot of the hill. A proud bee is flying around a blooming honeysuckle when a squirrel jumps into his sight and laughs at him.

Bee：（pulls back his pollen-loaded legs from the stamen and stares at the laughing squirrel）Why are you laughing at me?

Squirrel：（grins his two long teeth and wags his furry tail complacently）You poor guys，have to get raw thing from the petal and go back all the way in hunger.

Bee：（trembles with anger）Then，what? We don't steal；we don't loot. Aren't you feeling ashamed for yourself?

Squirrel：（shrugs in contempt）Ashamed? No. How free we are！We don't have to work as bus as you bee guys.

Bee：（flushes all over of outrage）You insult me and my fellow bees. How dare you！

The proud bee thrusts himself down like a crazy bullet out of control (an arrow off the string), heading direct to the nasty bug (the unready squirrel). The squirrel gets stung in the mouth before his legs carry him away. He gives a sharp scream of pain and runs away.

Seeing the scared squirrel flee for his life, a nosey dog cannot help giggling and claps his paws for the bee admirably.

Dog: Don't get angry, my friend. The squirrel is not good but stinging him into crying may not be a good way to give him a good lesson, either. Look, I will bark to frighten him.

(begins to bark to the sky and cast the bee an elusive look.)

Bee: (tries not to keep any eye contact with the dog because he doesn't like any animals who make loud noises) Barking dog doesn't bite. I don't appreciate a noisy beast. Leave me alone.

Dog: (a little annoyed and stops his clapping) What a stupid bee! You don't take my advice. I never mind, damned bug, but you mustn't curse me. You little frightsome thing. I will never make friends with you.

Before finishing his words, the dog gets stung terribly in the ear and hurt badly. He swears he would never care about the bee's business. The proud bee feels more proud of himself, thinking he is the strongest in the world and every animal fears him. Look, the bee begins to hover over the roof of the miserable bee farmer and doesn't bottle to work in any flower field.

One day, the proud bee is enjoying his time over a field of rapes when a wild hog rushes from the woods beyond the field, which takes the proud bee aback so he wants to give the ugly intruder a good lesson.

Bee: (at the top of his voice, shouts) Ugly guy, why do you come out abruptly and scare me badly? Say "Sorry" to me, you damned ugly.

Wild Hog: (half awake and half asleep, retorts in a booming tone) Sorry? What do you mean? You sound like a fly, always disturbing my nap. You should feel ashamed of yourself. You must say "Sorry" to me and my brothers.

The PROUD BEE has never been treated so rudely before. Face very red all over, he clenches his fist, sets his teeth and stamps his feet three times, resolved to fix the daring offender. He dashes towards the wild hog and stabs his fatal sting into the ugly enemy's belly (Flying round and round in circles, the irritated PROUD BEE, almost out of mind, dives from the tall top of the roof towards the rampant wild hog and give his enemy a deadly sting in belly.) The PROUD BEE spends so much strength that his sting has cut deep into the hog's skin and cannot bring it back to his body. The PROUD BEE has lost all his *Qi* at the same time, completely exhausted.

> The Queen in the beehives learns about the PROUD BEE's deadly loss and murmurs helplessly to the bee family, "The sting is bestowed to defend us against our enemies but you abuse it for purposes other than that. Mine, you kill yourself, my poor child."

语式关乎语句的正式程度和功能,但该语篇没有将对话和脚本区分清楚,脚本中也没有将描写与议论区分清楚。此外,该语篇将生气时傲慢的蜜蜂刻画得过于夸张,背离了适度的原则,淡化了思想品德课的优质内涵。

(二)语域使用纠偏思路

1. 基于语言共核的二级语言共核

知名学者王佐良在谈到英语教学时对语言共核(common core)有这样的阐述:文体虽各异,语言的总体则一样,真正代表一种文体特殊用法的词句之类为数甚少,而各体共有的则是大量的按照普通方式运用的基本词、基本句式和基本手段。后者即是共核语言[1]。体现在教学实践中,就是语言共核说支持者坚持认为一旦学习者掌握了共核词汇和句型,什么样的变异都会应付自如,掌握语言共核的方法就在于大量阅读外文经典小说、散文和诗歌,并在语言实践中模仿、运用。而怀疑语言共核的学者认为英语只是一个交际工具,学科分类细致而复杂,每个学科都有自成一体的术语和语篇特点,那种以点代全的提法只能让外语学习者多走许多不必要的弯路。在综合两种意见的同时,我们研读了大量相关文献,提出了二级语言共核的思路,即将相近学科的 EI 英语教学词汇、句法、语篇及语域分门别类,如让学习数学和物理的学生发现二者语言的共性,让学习体操、舞蹈和球类的学生发现三科共用的专业词汇、语句及语域等。

2. 基于语言共核的教材编写

现行的英语教材多为主题独立的短文和对话,内容有故事、儿歌、笔友介绍、日常计划等,但总体偏基本语言技能训练。按此路径培养出来的学生似乎有一定的语言功底,语音、语调标准,生成的大部分语言产成品基本正确,但与英语为母语的人进行交流时还是会出现一些问题,如精准度不够、表达不够地道,因而显得语域不清,交际的得体性和有效性大打折扣。即便是在高校英语专业课堂中也有这样的问题,这在杨立民教授主编的《现代大学英语》和张汉熙教授主编的《高级英语》两套精读教材中体现得最为明显,这两套教材中用语言讲语言的内容较多,但语篇之间联系甚少。EI 或者 CBI 是将英语作为工具学习一门学科或专业,基于语域类别按模块设计教学,学习专业的同时提升英语,不是共核理论家所倡导的先学好基本语言再学习其他专业,更不是用英语讲英语知识的课。用语言讲语言是典型的嫁接,而学外语的同时学专业则是巧妙的衔接模式。共核理论之上的英语教学和教材编写在培养公共外语教师和普通译员方面功不可没,但在迎接专业英语(比如 ESP 和 EI、CBI 等)新的教学挑战方面却显得力不从心,教育部发起的新文科建设、各个外语院校试点的"六卓越一拔尖"计划,就是在新的视野中对共核理论之

---

〔1〕 王佐良,丁往道.英语文体学引论[M].北京:同心出版社,1987.

上的英语教学进行的突破。

下面再看一个例子。

It is with the deepest regret that I have to notify you that your reserved motel terrace for the English evening has had to be cancelled due to some reasons.

该例中没有任何语法错误，只是一个简单的留言，但因语域误用导致的吊唁信式的口吻让接受者大感不快，本来正常的信息交流很可能因此而受到阻碍。

又如，身为联系人的某英语教师给外教写了一个便条。

Dear Mr. John Sorry to tell you that your lecture has been postponed till two-thirty, Wednesday afternoon the next week. The place for the talk remains unchanged. Please be punctual and give my best wishes to your dear wife. Contact teacher: Wang Liwei.

收到 Wang Liwei 的便条，外教一定感到十分困惑，首先他不知道为何他的讲座被推迟，而联系人要他准时到达的提示似乎意味着“你有迟到的习惯，提醒你一下”，读来令人不悦。至于开头的 Dear Mr. John 和对对方妻子的问候也不符合英国和美国人的社交习惯，全文得体性和有效性欠缺，跨文化交际的目的几乎没有达到。

此例可修改为：

Dear John, Your Monday morning's lecture has been postponed till 2:30 the next Wednesday afternoon due to the roof leakage. The repair work in the lecture hall surely will have been finished then. Sorry for the change of the schedule. Contact: Wang Liwei. TL:132 * * * * * * * *

共核理论指导下的学习者更易成生成上面列举的不当语篇，因为这些语言使用者是有语感的，但语域意识较弱，社会交往中的三要素——语旨、语场和语域——的相互制约观比较淡漠。可见，语域误用在共核理论指导下存在的可能性极大，因为共核理论不太关注学科细分，不太认同“没有语境，就没有词义”的观点。

针对这一问题，我们应考虑从教材的编写入手，从教学的理念改革做起，利用现代化的数据库、语料库等增强教材编写的可靠性。二级语言共核在中观层面可以贯穿至教材编写中，初级阶段形成专业的铺垫课程，引入适量的多义词和功能上公用的语域文本；高级阶段直接进入专业学习，提升学科目标的地位，语言目标可适当置于次要位置。

结合多年的 EI 听课和辅导经验以及 CBI 教材编写和教学实践，我们认为语域学说和共核理论在指导教师培训、语言文学翻译及其他文科类外语工作者方面确实起到了积极的作用，但在培养诸如工程英语、医学英语、数学英语、体育英语、理化英语人才和师资等方面也受到越来越多的挑战，所以有必要对共核语言进行细分，筛选出涵盖几门相近专业的二级共核语言。例如，浸入式英语的综合课还可根据学科群在小学高年级或初中阶段分成植物学、动物学或自然学、理学等模块，每个模块采用贯穿二级共核语言的教材进行基础外语教学，学生在高中后可分门别类地发展自己的方向和专业，进入大学后直接与全英授课的学科衔接。这样的模式利于培养出具有国际竞争力和全球视野的双语人才。

这种做法的可能性在于：(1)学生在初级 EI 学习阶段已经掌握了一定量的基本词汇和基本语法，它为学生系统掌握一门专业而非简单的信息传递工具打好了基础。(2)由于二级共核语言的支撑，学生进入高级专业学习阶段会减少许多语言方面的障碍，因为语言大环境会对学习者起到潜移默化的积极促进作用，这样学生在后期的学习甚至工作中很容易学会辨识语境、熟练切换语码，有效减少语域误用的概率。(3)从动机理论上看，学生目前所学的就是以后要用的。学习者不会产生所学非所用的感觉，也不会因应付考试采取短期突击、试后遗忘的被动学习法。比起共核语言指导下的嫁接法，直接衔接显然更有优势吗。

基于上述认知，我们可以在教材编写上增加科学性，减少随意性，并以此为原则进行一系列尝试：

第一，从理论上吸取语言共核的合理成分，并把“共核”这个概念科学化、具体化。比如，学英语时，STEM(Science、Technology、Engineering、Mathematics)必将被置于中心，其常用词汇、语法结构、文体和语域就要与文学英语、普通英语进行对比分析。具体来说，在词汇层面，教材编写团队可利用 COCA(Corpus of Contemporary American English)语料库及 BNC(British National Corpus)语料库进行二级共核词汇筛选和精细分级，挑选出适合我国学生不同阶段使用的 EI/CBI 教材的基本“建材”。

以 driver 为例，该词在普通英语中有“司机、车夫、牧人”等意思，在 STEM 中的意思可能就有这些含义：在机械工程中指传动器、驱动轮、主动轮；在计算机领域指驱动程序。在 STEM 中，driver 还可构成词组 device driver (设备驱动)、mass driver (重量驱动器)、cam driver (侧楔)、coaxial driver(同轴发音单元)等。

第二，提炼句型与文体，编写成以语域群为基元的教材。也就是说，EI 和 CBI 在进行理学模块教学时一定要遵循一个原则：STEM 的教学并不是简单地将科学与工程词汇组合起来，而是要把学生学习到的零碎的知识与机械过程转变成一个探究世界相互联系的语域形成过程，因为科学问题本就源于自然，源于某一现象的问题，如“为什么杯子里的热水会变凉而保温瓶里的却不会”，这一问题在工程学中会转化为“怎样让房子冬暖夏凉”。这两个貌似不相同的问题，其本质却都是热学中能量的传递问题。教师若能敏感地注意到这些有趣的现象并抛出问题让学生就其本质展开讨论，就能形成一条隐形的线索，即科学和工程问题的有效贯通。

在编写 EI 基础教材时，编写者可参考下列教材和论文，以语域为基础，概括出适用于受教者的二级语言共核，将词汇、句型、语法、文体甚至语艺等作为教学内容考虑进去：

(1)Sismondo S. (2010). *Introduction to Science and Technology Studies*, 2nd edition. Blackwell Publishing Limited.

(2)Kosky P., et al. (2021). *Exploring Engineering: An Introduction to Engineering and Design*. Academic Press.

(3)Aikenhead, G. S. (2006). *Science Education for Everyday Life: Evidence-Based Practice*. Teachers College Press.

(4)Hodson, D. (2009). *Teaching and Learning about Science: Language, Theories, Methods, History, Traditions and Values*. Sense Publishers.

(5)Hurd, P. D. (1998). *Scientific Literacy: New Minds for a Changing World*. Science Education.

(6)Millar, R. and Osborne, J. (1998). *Beyond 2000: Science Education for the Future*. King's College.

(7)Wellington, J. (2001). What is Science Education for? *Canadian Journal of Science, Mathematics and Technology Education*. Taylor & Francis Online.

第三,双重理论指导下的教材编写模块化。参照国家对小学高年级英语教学大纲的要求,同级 EI 学生也应该达到这些标准:能够根据场景,用正确的语音、语调进行简单的对话;能够听懂,用正确的语音、语调说出所学单词 400 个左右,并能够拼写其中常用单词 200 个左右;能够正确、规范地书写大小写字母、单词和句子。EI 在学科目标上应该高于同级学生,如学习综合英语后就应具备以下意识:

(1)数学语言就语域而言有自己的一套词汇、语句及表达习惯。教师授课通常要有简明扼要的讲解和具体算式呈现,科学推演多于武断和随意的描写。例如:

Unit 1 Removing Brackets(去括号) To remove a single bracket, we multiply every term in the bracket by the number or expression on the outside and follow the rules like ++=+ and −−=+ while −+=−.(去括号,通常要用括号外边的数字或符号乘以括号中的每一个项目,并遵守"正正得正,负负得正,负正得负"的原则。)

(2)物理语言尽管有自己的特点,但与数学语言较为相似,因为数学是整个理科的基础,因此物理题目大多都要用数学方法来解,会用到方程、比例等。这也给教材编写中运用二级语言共核和语域模块提供了依据。

(3)舞蹈语言注重指导学习者的动作规范和行为美感。基础舞蹈的语言更具祈使功能,即老师说、学生做,协商的空间较少,通常离不开音乐伴奏。例如:

Lift and reach.(腿抬高,手打开。) Breathe and stretch.(吸气,伸长。) Lift, and lengthen the foot.(提起来,腿伸直。) And one more time.(再来。) Extend, lift, breathe and close.(手打开,提起来,深呼气,放下来。)

(4)体育语言与舞蹈语言类似,祈使句较多,例如:

Take your post. (入列。)
Forward march. (齐步走。)
3 steps forward march(向前三步走。)
Right/left wheel. (右/左转弯走。)
STOP, and dismiss. (立定解散。)
Two to four. (两列变四列。)
Side/front raise. (双手侧平举/前平举。)

从以上例子可见,二级语言共核理论及语域理论指导下的模块设计和语域安排是有一定规律可循的,数学和物理之间的相通性显而易见,舞蹈和体育也明显存在着许多共性,这一点对教学和教材建设方面有方向性的引导。

四、教学案例:小学高年级"动物学"备课思路

Carnivores, Herbivores and Omnivores

Carnivores Eat Other Animals [ˈkɑːnɪvɔː(r)z] [iːt] [ˈʌðə] [ˈænɪmlz]

Carnivores primarily get their food by eating other animals. For example, tigers feed on animals such as buffalo, deer, pigs and antelope. This means that they exclusively need meat to survive as they cannot properly digest plant material for nutrients.

Omnivores Eat A Variety [ˈɒmnɪvɔː(r)z] [iːt] [ə] [vəˈraɪətɪ]

Omnivores derive their energy from both animals, plants and fungi sources. They may eat a variety of food throughout the year or focus on what is available seasonally. For example, grizzly bears(灰熊)eat fresh plant shoots and uncover lost squirrel nut caches in spring. In summer, they eat grasses, berries and predate on elk calves(麋鹿幼崽). Then during fall, they eat a lot of whitebark pine nuts and roots before winter hibernation begins.

Herbivores Eat Plants [ˈhɜːbɪˌvɔːz] [iːt] [pˈlɑːnts]

Herbivores mostly eat plant material, including leaves, fruits, seeds, bark and roots. Herbivores spend much of their day foraging food to get their required daily energy intake by either grazing or browsing. Grazers spend their day eating grass while browsers eat a wider variety of leaves. In Kruger National Park in the African savanna, zebra are classed as grazers while giraffes are considered browsers.

(Adapted from *Carnivores Eat Other Animals* by Adrianne Jerrett)

一般情况下,我们在备一节 EI/CBI 课时会考虑语言和课程两个方面的目标。语言目标可以细分为以下 4 个子目标。

(1)能力目标,学生能够在情景中运用下列句型:

- X's mostly get their food by eating a,b, and c.　陈述事实。
- Y's feed on animals such as d,e,and f.　描写关系并举例。

• How do X's mostly get their food? 观察并描述。

• Which animals do Y's feed on? 观察并分类。

(2)知识目标，如会读 carnivores、omnivores、herbivores、hibernation、grazers 和 browsers；会拼写 forage、giraffes、energy、nutrients、variety 和 zebra；会归纳句型并举一反三：

• Grazers spend their day eating grass while browsers eat a wider variety of leaves.

• Omnivores may eat a variety of food throughout the year or focus on what is available seasonally.

(3)情感态度，学生能以积极的态度简要讨论食草动物、食肉动物和杂食动物的区别，以及生态多样性的好处。

(4)文化意识，不同文化对三类动物文化含义的解读也许有所不同。

当然，EI/CBI 教学最重要的目的还是实现学科目标，而这一点在 EI 教学中往往因教师自身的学科知识不足或过分重视语言知识讲解而被忽略，即便在初中浸入式英语教学过程中也是如此。因此，备课时教师不妨从语域理论和二级共核学说的角度考虑如何设置具体的学科目标，利用 task-based 或情景教学法以达到 EI 或 CBI 的课程目标，因为 EI 和 CBI 的本质就是要用一门外语学习和掌握学科知识，而习得外语只是此过程中自然完成的任务之一。

(一)语场意识

小学高年级以上的 EI 教学应强化学生的语场意识，鼓励学生积累专业词汇，从专业知识的角度进行思考和表达。就本案例而言，教师可对重点专业词汇作如下分析：

单词	普通意义	语境意义	语域举例
exclusively (para. 1)	It means that it is available for only a certain time/person/group/etc.	only; without any others being included	Although pandas are classified as meat eaters, their diet consists almost exclusively of bamboo.
derive (para. 2)	to come or develop from sth.	to obtain nutrient from sth.	The injured polar bear under intensive care is fed with high caloric food from which its body can derive more energy.
caches (para. 2)	a hidden store of things such as weapons	a hidden hole where pine nuts are kept	The rat dragged a plastic spoon into its cache for reasons unknown to the observer.

单词	普通意义	语境意义	语域举例
browsers (para. 3)	①a viewer who looks around casually without seeking anything in particular ② a program used to view HTML documents	herbivorous animals that usually eat leaves, particularly fresh leaves	Curious to relate, the giraffe, one of the browsers, has no voice.
grazers (para. 3)	①an animal that grazes ②a television viewer with a short attention span who switches between channels regularly	a creature that feeds on growing grass or herbage	At the end of a bumpy grassland, a pair of hoofed grazers resembling horses, an antelope and a ground sloth feed quietly, oblivious to their impending doom. (Search online for the differences among the three: micro-grazers, hoof-grazers, and earth-grazers)

教师可安排相关课堂内速读练习：

> Classification of Animals: The Complete Guide
>
> Guess what the main contents will be and then skim the article to see how correct your prediction was.

(二)语旨意识

这篇文章的语旨可以从两方面进行分析：

(1)人际语旨。人际语旨反映的是作者以正式还是非正式语体与读者交流。全文包含大约190个单词，包括简单句和较为多样的复杂句。词汇包括源于拉丁语的carnivores、herbivores、omnivores和hibernation等，属正式语体。

(2)功能语旨。功能语旨反映的是作者行文的体裁结构，体现篇章的功能特点。本文运用客观描述的形式向读者介绍自然界存在的三类动物及动物学家对每种动物的定义，界定明确、举例清楚、言简意赅，文中特意选用mostly和primarily，暗示了作者表达见解时的严谨态度。文章中没有冗长的诠释和例子，却将抽象的概念讲得很具体，专业性的阐释和经典举例构成清晰的内在逻辑，适合学生阅读。教师在讲解这篇文章时应深刻理解文章的语旨和主题，以客观理性的态度引导学生探寻动物世界的奥妙。

为加深学生对主题的理解，教师可设置如下练习：

> Read the article "Save Our Frogs!" within 1 minute and then rewrite it in three sentences for a non-profit advertisement to draw people's attention to protecting wild frogs rather than eating them.

(三)语式意识

语式意识指的是语言交际的渠道或媒介,比如,语言交际是口头的还是书面的,有准备的还是即兴的。本文显然是书面的、非即兴的。因此,教师在教学中也应该引导学生分析本文的写作特点,尤其是语艺(修辞)特点。本文大标题下面有 3 个小标题,均为"主语+谓语+宾语"形式,简洁明了。

为加深学生的语式意识,教师可设置如下练习:

Scan "Grazers and Browsers: How Digestive Morphology Affects Diet Selection" and then role-play a dialogue between a cow and a deer with your deskmate. Discuss how different the informal and formal language may sound to you.

本篇文章的课后练习可设计如下:

Homework: Read and make your own judgment. Ⅰ. Read the statements below and decide whether they are true or false. 1. Animals gathering in herbs have a lower chance of escaping predators. 2. The cheetah is the fastest running animal in the world. 3. Zebras can put their heads down to feed and adjust their eyes to watch for carnivores at the same time. 4. Carnivores run on tiptoes (with their toes touching ground and the rest of the foot in the air). 5. Gazelles have eyes on the sides and can not see forward. 6. Antelopes' ears can turn to different directions to watch out predators while they are feeding. 7. Many herbivores use hooves and horns to defend against predators. 8. Koalas sometimes sleep for up to 18 hours a day. Ⅱ. Find a video clip online and watch it, then tell which particular animal has more skills than you imagined before. Which fact in the video surprised you most? Ⅲ. In the pre-task you had to classify animals into two groups: carnivores and herbivores. Can you think of other ways of classifying animals? Do yo think humans are carnivores or herbivores by nature? Why?

五、小结

浸入式英语(EI)在我国的发展势头依然强劲,在此过程中,教师们不仅尝试用英语教授语言基础课,还尝试用英语教授思想品德、音乐、体育、绘画等课程,在教学策略探讨方面取得了显著的成绩。EI 教学手段丰富多彩,如翻转课堂和慕课(MOOC)在一些学校的 EI 课堂上得到了较好的应用;EI 教学方法各具特色,如从 TPR 教学法到基于任务的教学方法、交际法,从暗示教学法(suggestopedia)到戏剧化表演等。但就学科目标的实现而言似乎还普遍存在一些困惑。本文在梳理了韩礼德的语域理论及其可用性后发现,该理论包含的语场、语旨和语式三要素正好是解决 EI 教学中学科目标难以企及的问题的切入口，文章运用实践中的典型例子，分析了语域运用产生偏差的原因，以语言共核为原点，提出了二级共核在模块教学和教材编写中的可用性，建议摒弃“嫁接式”外语教学模式，推出“直接衔接”模式，将目标定位在与 CBI 贯通的长远规划上，为后续专业课的学习奠定基础。文章在最后还分享了小学高年级“动物学”一课的备课思路，期望对教学中的学科目标实现有所启迪。

小学英语浸入式听说教学策略

一、序言

21世纪是课堂革命的世纪。教育家杜威认为，如果我们沿用过去的方法教育今天的学生，那么我们就是在剥夺他们的未来。到2021年，我国第八次基础教育课程改革走过了20年，政府出台了义务教育阶段的“双减”政策，强调教育公平。《义务教育课程方案(2022年版)》规定了各科目的课时比例：语文占20%至22%，数学占13%至15%，体育与健康占10%至11%，外语占6%至8%[1]。外语课时不仅低于数学、语文，也低于体育、艺术等学科。2022年4月颁布的《义务教育英语课程标准(2022年版)》强调，要围绕核心素养确定课程目标、选择课程内容、创新教学方式、改进考试评价、指导教材建设、开展教师培训[2]。

在校内英语课时减少的情况下，教师需提升课堂效率，同时多管齐下，提升学生英语学习水平，实现核心素养培养目标。而英语浸入式教学在中国经过多年实践，已取得丰硕成果，在目前的课程改革中展现出广阔的发展前景。我国的英语浸入式教学借鉴了国外语言浸入式教学理念，总结出“习得性、融合性、全英语、听领先、活动导向”的教学原则[3]，重视听与说，这也符合小学阶段学生的学习特点。

浸入式教学是指用第二语言(外语)作为教学语言的教学模式，即儿童在学校的部分或全部时间内都“浸泡”在外语环境中，教师只用外语面对儿童，不但用外语教授外语，还用外语教授其他课程。外语不仅是学习的内容，也是学习的工具。浸入式教学不是教外语，而是用外语教，用正在学习的新语言学习新知识，旨在培养能够流利使用双语来生活、学习和工作的“双语人”。可以说，浸入式教学是对传统外语教学的创新和超越[4]。

1965年，浸入式教学实验始于加拿大蒙特利尔市的圣兰伯特学区。为了提升学校第二语言法语的教学效果，地方教育行政部门开始从幼儿园到高中进行法语浸入式教学实验。至20世纪70年代末，法语浸入式教学实验取得了出人意料的效果，在整个加拿大引起了轰动，被视为第二语言(外语)教学的创举。自此之后，浸入式教学以惊人的速度在加拿大全国推广，每年有30多万名儿童接受各种第二语言的浸入式教学。浸入式教

[1] 中华人民共和国教育部．义务教育课程方案(2022年版)[M]．北京：人民教育出版社，2022.
[2] 中华人民共和国教育部．义务教育英语课程标准(2022年版)[M]．北京：人民教育出版社，2022.
[3] 赵微．英语浸入式教学的基本原则[M]//强海燕，赵琳．中外第二语言浸入式教学研究．西安：西安交通大学出版社，2001：80－88.
[4] 强海燕，迟延萍，赵微．我国义务教育阶段英语浸入式教学之探索：基于CCUEI项目的研究[J]．全球教育展望，2022(8)：92－102.

学为这些儿童进入高等学校深造以及未来从事双语工作打下了坚实的语言基础。

加拿大的法语浸入式教学引起了教育学和语言学研究者的高度重视[1]，其成功经验已成为许多国家效仿的榜样，目前浸入式教学包括法语、日语、汉语、印尼语、俄语、英语等语种，均取得了显著的成绩，赢得了广泛认可。语言浸入式教学在各国有不同的实践和产生背景，其教学模式也日趋多样化。“中国-加拿大-美国教育合作英语浸入式教学与课程研究”(CCUEI)项目是我国英语浸入式教学实践与研究的成功案例之一。

1998 年，CCUEI 项目的小学实验开始。2004 年，实验小学第一届毕业生的浸入式学习成效引起了很大的反响，继而项目开始在初中实施。目前，CCUEI 项目正式的实验中小学有 40 多所，实验教师 800 余名。经过测试，浸入式学生不仅在英语方面表现突出，在其他学科中也表现优异，证明浸入式教学有意义且卓有成效。

二、浸入式教学相关理论研究

(一)关键期假说理论

关于语言学习的解释一直存在着争论。根据研究的侧重点不同，有的语言学家认为语言系统从人出生起就贮存在大脑中，人们只需找到相应的触发器(trigger)激活它即可；有的学者则认为语言是通过学习才能被掌握和运用的，而这个学习过程必须发生在语言习得的关键期（critical period)，即 2 岁至 13 岁左右，于是就产生了关键期假说(Critical Period Hypothesis)。

关键期假说是由蒙特利尔神经学家彭菲尔德和罗伯茨在 1959 年合著的一篇文章《言语与大脑机制》中首次提出的[2]；1967 年列纳伯格在他的文章《语言的生物基础》中再次讨论了关键期假说[3]，引起了广泛关注。这些学者都是针对第一语言习得来证实这个假说，认为关键期存在于第一语言的发展过程中，决定第一语言的最终发展水平。

随着关键期假说研究的不断深入，语言学家开始将该假说逐步引入第二语言学习研究的领域。研究表明，年龄较大的第二语言学习者在运用第二语言时很难达到低龄第二语言学习者的流利程度，尽管年龄较大者在初级阶段进步很快。辛格尔顿认为第二语言学习从长远来看年龄越小越好，同时他也指出了一些例外，有 5%的成年双语者掌握了第二语言，即使他们是在步入成年后才开始学习第二语言的[4]。

有学者认为第二语言学习的时间窗口永远也不会完全关闭，但是语言的某些方面的

---

[1] 赵琳，强海燕．儿童早期第二语言浸入式教学与课程建构研究[J]．学前教育研究，2002(4)：30－33.

[2] PENFIELD W，ROBERTS L. Speech and brain mechanisms [M]. Princeton：Princeton University Press，1959.

[3] LENNEBERG E H. Biological foundations of language[M]. New York：John Wiley and Sons，1967.

[4] SINGLETON D. Introduction：a critical look at the critical period hypothesis in second language acquisition research [M]// SINGLETON D，LENGYEL Z (eds.). The age factor in second language acquisition. Clevedon：Multilingual Matters Ltd.，1995：1－29.

确受到年龄的制约，比如成年第二语言学习者在讲第二语言时很容易被人听出带有第二语言以外的其他口音，包括那些语法掌握得很好的成年人[1]。

综合以上理论，第二语言学习中不存在"关键期"，但的确存在"敏感期"或"最佳期"；有研究表明，年龄较小的儿童在学习第二语言时，其第二语言的发展水平往往在其他参数相同的情况下比年龄较大的儿童的第二语言发展水平高，尤其是其听说能力更容易接近母语者的水平。英语浸入式教学模式正好顺应了儿童语言发展的关键期理论，使儿童在人生发展的起始阶段能积极捕捉第二语言的最佳期（即敏感期）。语言关键期理论为儿童早期第二语言的习得提供了有力的支撑。

（二）语言输入与输出假说

语言学家克拉申的语言输入假说认为，自然而然的、无意识的习得是获得语言的主要途径，自觉的、有目的的学习只是在语言掌握过程中起检测和校正作用，人们获得语言的最佳途径是输入可理解的、比目前语言水平较高的大量语言[2]。克拉申把语言输入用公式"i+1"来表达，"i"代表学习者现有的语言水平，"i+1"代表略高于学习者现有语言水平的可理解性输入，即将要学习的新知识。他认为有了足够量的可理解性输入，"i+1"就会自动生成。克拉申认为，最佳语言输入必须是大量的、可理解的、有趣且相关的输入，并且不能过分强调语法。

斯温的可理解性输出假说（Comprehensible Output Hypothesis）认为语言输出有助于第二语言学习者准确流利地使用语言[3]。语言的输出给学习者压力，使其积极主动地运用所学语言将知识内化，从而实现可理解性输出。可理解性输出能够促进二语习得，具体有以下功能：

（1）注意/触发功能（noticing/trigger）。可理解性输出能够帮助学习者在表达目的语时意识到"想要表达"与"能够表达"之间的差距，从而完善语言输出，提高输出的准确性。这一过程有助于学习者对语言知识进行控制和内化。

（2）假设检验功能（hypothesis-testing）。当学习者不能把握自己的语言输出时，可理解性输出可用来验证输出语言的结构和形式。

（3）元语言反思功能（metalinguistic reflection）。可理解性输出帮助学习者用语言来思考语言，有助于提高学习者的思维能力，优化学习策略，激发兴趣，增强信心。

儿童英语浸入式教学遵循以上理论，在教学中强调教师对儿童进行大量、重复的可理解性语言的输入，儿童浸泡在大量的英语语言中，逐渐形成英语语言思维，但儿童理解及想要表达英语，与能够用英语表达之间还存在差距，只有激发儿童的可理解性语言的输出，引导儿童大胆地用英语进行表达，才能使儿童在用英语进行表达的同时意识到自

---

[1] OYAMA S. A sensitive period for the acquisition of a nonnative phonological system [J]. Journal of psycholinguistic research, 1976(5): 261－285.

[2] KRASHEN S D. Second language acquisition and second language learning [M]. Oxford: Pergamon Press, 1981: 157

[3] SWAIN M. Integrating language and content teaching through collaborative tasks [J]. Canadian modern language review, 2001, 58 (1): 44－63.

己语言表达的困难和问题，从而使语言表达更加完善，提高输出语言的准确性。

（三）话语交际理论

话语交际理论从语言交际与互动的角度强调语言知识的获得，认为第一语言和第二语言的获得都遵循相似的规律和自然程序，强调语言的获得不仅是认知的过程，也是互动的过程，要通过与他人不断交流培养儿童语言交际和自如运用的能力[1]。浸入式教学法为儿童的语言交流创设了丰富的环境，并强调教师与学生、学生与学生之间的语言对话和交流，使儿童在互动、交际中获得第二语言。

三、听说教学策略

小学浸入式英语教学一直倡导“听说领先，读写跟上”的原则[2]，强调通过学科学习掌握英语，消除传统的英语教学“哑巴英语”的弊端，从而全面提升学生的英语水平。目前，各实验学校除了开设浸入式综合课程、品德与社会课程及科学课程外，有些学校还根据学校自身特色和师资力量开设了浸入式音乐、体育、美术和数学课程。所有浸入式课程都是全英文授课，而英语听说技能对于学生的课程掌握能力至关重要，因此听说教学策略对于提升浸入式教学水平和教学效果至关重要。

对目的语的大量输入是语言习得的基本特征。“浸入式”体现了语言学习的这一特点，在大量输入过程中，儿童对第二语言的理解能力不断提高，学习者能够自然吸收语言材料和语言知识，这为语言的生成创设了前提。作为一种习得型的教学方式，浸入式教学不要求学习者对接触语言做到全输入、全吸收和全输出，因为儿童对第二语言的理解、记忆和应用是一个递进的过程，是在有情景的、积极参与的语言活动经验中，随着语言感知频率的提高而逐步达到的，是一个水到渠成的、类似于母语习得的过程。

在英语浸入式教育活动中，儿童的语言输入和语言输出之间会有一段“沉默期”。这是语言输出必要的准备时期。实验过程表明，随着实验教师对实验原理的领悟、教学方法的掌握、教育活动设计和组织水平的提高，儿童的“沉默期”逐渐缩短，语用反应不断增多，英语交流频度不断提高，直接英语思维逐渐萌生。

听说训练基本贯穿在小学英语浸入式教学的各个课程，对学生和教师都有着更高的要求。要在有限的课堂时间内取得更好的教学效果，就需要采取更为高效的教学方法，有意识地训练学生的听说能力。在浸入式课堂中，英语听说贯穿从课堂导入到作业布置的各个教学活动，教师可以通过灵活多样的课程设计提升教学效果，增强学生的学习体验。

（一）英文歌曲

在课前导入的第一部分，许多浸入式教师会选择“Let's sing”这一环节，让学生合唱一首英文歌，在教授低年级的学生时还配有简单的舞蹈动作。歌曲作为课堂导入，能创

---

〔1〕 斫洪刚．语言获得理论研究[M]．北京：中国社会科学出版社，1997.

〔2〕 赵琳，强海燕．儿童早期第二语言浸入式教学与课程建构研究[J]．学前教育研究，2002(4)：30－33.

造轻松的课堂氛围，激发学生的积极情感和态度，如选择得当，歌曲可以帮助呈现并练习某一话题、某些重要单词及语言点等，使学习变得多样化且富有趣味[1]。在课前听英文歌曲既能够营造轻松的学习环境，又能对听、说、读、写四种语言技能进行训练，从而全面提升语言水平。

1. 歌曲的选择

对于低学段的学生，教师可以选择儿歌童谣，如“Mother Goose Nursery Rhymes”和“Super Simple Songs”。但大部分经典歌曲流传甚广，有若干个版本，教师在选择歌曲版本时，应该选择配器制作精良、发音清楚准确的版本，用歌曲本身的美感吸引学生。对于高学段的学生，除了可以根据单元内容选择歌曲，教师还应重视学生的喜好，如可以让学生每周推荐一首歌来丰富歌曲种类。长此以往就可以形成基本固定的浸入式英文歌曲库，一定程度上也能减轻教师的工作负担。

2. 歌曲与教学的结合

教师可以根据每个单元不同的学习内容选择不同的歌曲，让歌曲起到辅助教学的作用。初学字母时，教师可以选择“ABC Song”，简单易上口。而这首歌的曲调与“Twinkle Twinkle Little Star”一样，因此下一周就可顺应安排“Twinkle Twinkle Little Star”，降低学唱新歌的难度。教授身体部位的英语表达时，教师可以选择“Head Shoulders Knees and Toes”，配合动作可帮助学生建立实物与英语单词的联系。教授动物的相关英文表达时，可选择“Old MacDonald Had a Farm”，里面有许多动物的名称和叫声。高年级学生学习句型“no matter what/how/who ...”时，可以学唱“No Matter What”，通过歌曲自然习得让步状语从句的表达。针对学生不同的发音问题，歌曲也可提供相应的帮助。如“London Bridge is Falling Down”可以帮助学生学习“bridge is”的连读，高年级学生则可以学唱“Yesterday Once More”，基本的连读规则在这首歌中都有出现。歌曲童谣每句的押韵，可以帮助学生学习单词发音，更加准确地记忆单词。

（二）模仿和跟读

《义务教育英语课程标准（2022 年版）》指出，低年级学生的语言学习以视听说为主，课堂上要创设良好的学习氛围，提供自然地道的视听语言输入，引导学生注意倾听、乐于模仿、大胆表达。模仿跟读是课堂上最常使用的学习方法，教师经常用“Please read after me”作为开头，带领学生朗读单词、句子和课文，这是最简单的模仿跟读。

除了传统的模仿跟读，台湾大学的史嘉琳教授提出了回音法（The Echo Methods）[2]。回音法是指在教师领读或音频播放一句后，不要机械式地立即跟读，而要停顿一下，因为在听完后，耳边会有一个和原声一模一样的声音在心里回荡，这就是所谓的“回音”。学生要模仿所听到的“回音”，避免不经思考就用过去的习惯发音朗读。这一过程概括起来

---

〔1〕 EKEN D K. Ideas for using pop songs in the English language classroom [J]. English Teaching Forum, 1996(34): 46 - 47.

〔2〕 史嘉琳．练习口语最好的方法：回音法(listen, echo, repeat)[EB/OL]．(2022 - 03 - 06) [2023 - 10 - 06]. https://www.bilibili.com/video/BV1oL4y1M75d/?spm_id_from=333.337.search-card.all.cl ick

就是“listen—echo—repeat”，着重强调听，只有听准，才能模仿得准。用同一句话，反复重复以上每一个步骤，直到不需要思考就能流利讲出语音语调与原音频一致的句子。

跟读的第二个阶段是“影子跟读”（shadow-reading），它源自英语单词 shadow，指个体集中注意力像影子一样口头模仿跟读听到的录音的语言行为。这一概念最初由彻丽在研究学生听力过程中的注意力时提出[1]，后来被运用到第二语言习得中。影子跟读是不间断地模仿跟读一个音视频材料，在此过程中，需要听说协调进行，对听说提出更高要求，适合高年级学生练习。影子跟读能迫使学生不自觉地模仿原音的语音语调，多加练习便可以提升学生的听说水平和对英文的短期记忆能力。

除课本内容外，教师可根据不同学段的学生选择不同的跟读材料，像《棕熊，棕熊，你看到了什么？》（*Brown Bear, Brown Bear, What do You See?*）这样的绘本，句子结构简单，一个句型反复重复，适合低年级学生进行跟读练习。高年级学生可以选择自己喜欢的动画片、《牛津阅读树》等分级读物或其他原版儿童读物。

由于课堂时间有限，跟读练习无法长时间进行。新课标提倡推进信息技术与英语教学的深度融合。一些手机 App 现在已经成为口语练习的重要手段，这类 App 不仅有大量的影视配音材料，也有与教材配套的音视频，方便教师布置练习任务。适合小学生的配音作品一般不超过三分钟，符合学生的能力水平。教师可积极利用这些 App，布置课后任务，监测学生的完成情况。

（三）复述

复述不是机械、简单的背诵，而是根据内容凭记忆把听到或看到的重点内容用合适的语言、正确的语法连接在一起。复述是在理解的基础上对所学材料进行再创造的过程，是学生展示自己对已知材料的加工能力。复述是听力、阅读、思考、逻辑思维等综合能力的体现，也是促进英语听、说、读、写水平提高的手段。低年级学生练习复述时可以用一两句话概括内容，高年级学生练习复述时则可逐渐加上细节信息。复述可以作为跟读后的高阶练习。最常使用的复述材料是英语小短文及对话，根据材料的难度，简单内容可以在听后或跟读后复述，较难的内容可以在阅读后复述。这就要求学生有很强的记忆力，并且对材料内容有深入的理解。复述主要是训练学生的语言思维能力，提升学生运用英语进行表达的能力。在学生复述的过程中，教师可以利用思维导图理顺文章或对话逻辑，或提供辅助的单词、句型作为脚手架，帮助学生完成复述。

（四）课堂提问

在课堂上，学生语言输出的一种主要途径是回答教师的提问，回答问题的前提是听懂教师的问题。因此课堂问答是重要的听说练习，也会占用大量课堂时间。教师提问的方式主要有检查学生是否理解的提问、激发学生思考的提问、表示反对的重新提问，以及使用限制性选择疑问句等。在浸入式教学中，教师不以母语为中介，所以经常检查学生是否理解变得尤为重要，最常用到的提问句式有“Understand?”“Clear?”等。为了提升课

---

〔1〕 CHERRY E C. Some experiments on the recognition of speech, with one and with two ears [J]. Journal of the acoustical society of America, 1953, 25(5): 975-979.

堂问答的有效性，教师应有意识地调整提问策略。

1. 采用特殊疑问句提问

教师的提问类型影响学生的语言输出质量。是非疑问句只要学生回答“是”或“否”即可，而特殊疑问句对学生的要求更高，学生的回答不仅仅是一个单词。回答特殊疑问句可以增加学生语言输出的机会，从而提高学生的语言水平。如果学生对回答特殊疑问句有困难，教师可以先把特殊疑问句改变为是非疑问句让学生回答，然后再一步步引导学生回答特殊疑问句，以免降低学生学英语的兴趣。

开放式问题是由“什么”“怎样”“为什么”和“以什么方式”等开始的问题(通常表现为特殊疑问句)。开放式问题能引导学生丰富问题答案，思考空间较大[1]。

从教师方面来看，在每个学生回答完问题后，教师可重复学生的回答，这是对学生回答的一种肯定，也可以引起全班学生的注意。在学生个体的回答过程中，教师要关注学生回答的细节，如果学生使用语言有误，教师可以用正确的表达再说一遍，而不必直接指出学生的错误。

在学生回答问题时，教师应给予充足的等待时间，充分利用学生的回答，逐步引导学生进行更深入的思考。等待时间的长短会影响学生回答的质量和学生对问题的态度。恰当的等待时间可以让学生主动、恰当地回答较多的内容，增强学生回答问题的信心，鼓励创造性思维，提高回答的准确率[2]。

2. 提供适量的语言支持

小学生在浸入式学科学习过程中面临着语言上和认知上的双重挑战，教师需要根据实际情况不断调整语言支持量。语言支持量不足，双重教学目标便难以达到；而语言支持过量则会束缚学生的思想和观点，减少学生的语言输出机会。

教师在进行提问时，可根据情况提供必要提示。提示是一种给学生提供语言支持的有效方式，可以加深和拓展学生的回答。教师在与学生互动时，应对学生语言运用能力有所预设并提前准备，针对学生在语言输出中可能遇到的困难，通过提供展示在屏幕或黑板上的关键单词或例句，帮助和引导学生使用正确的句子回答问题。教师也可根据现场情况，及时用板书为学生提供提示。

对于比较难的问题，提供若干备选答案也是一种有效的语言支持策略。就课文内容进行提问时，为了降低回答问题时学生在语言上所面临的挑战，教师可为每个问题提供3或4个备选答案并呈现在屏幕或黑板上，以选择题的形式让学生回答，学生选出正确答案后，教师再进一步引导学生读出所选答案的内容。

3. 个体语言输出

有研究发现，学生进行集体语言输出时，句子一般较短，而学生进行个体语言输出时句子相对较长[3]，有意识地引导学生独立运用完整句也是提高学生语言表达水平的有

---

[1] 赵丽霞．教师课堂提问中的有效问题设计探讨[J]．天津市教科院学报，2007(6)：36－37.

[2] 张晓兰．英语有效课堂提问研究[J]．涪陵师范学院学报，2004(4)：72－75.

[3] 牛晓艳．通过英语浸入式教学促进学生语言输出的策略[J]．山东师范大学外国语学院学报(基础英语教育)，2011(2)：48－55.

效策略。

（五）角色扮演/戏剧表演

角色扮演活动可以扩大参与面，为学生提供丰富的语言输出机会，激发学生运用英语的热情。角色扮演也为不自信的、学习有困难的学生提供了一个良好的展示舞台，帮助他们克服心理障碍，勇敢地用英语进行表达，逐步提高英语学习的兴趣。角色扮演也可以升级为戏剧表演，学生可以选择自己喜欢的故事，分角色进行演绎，在比较正式的场合进行表演，这样既加深了学生对作品的理解，又能带给学生完成完整作品的成就感，从而激发学生的学习热情。

（六）游戏比赛

增加游戏比赛环节不仅可以活跃课堂气氛，还可以提升学生的听说水平。教师可以在课堂上进行分组比赛，比如播放一段音频或视频，看哪一组记的信息最多，获胜小组可以得到贴纸、小红花或小奖品。

（七）合作学习

由于我国小学班级规模普遍较大，课堂上的小组合作学习能提供更多的个体语言输出机会。相较于面对全班同学和老师发言，在小组讨论中，学生能更放松地用英语表达自己的观点，小组内同学的互帮互助也能提升语言输出的质和量。在这个过程中，教师可走到各组进行指导、交流和检查，给学生提供必要的语言帮助，鼓励学生使用英语进行讨论。

（八）核心素养

新课标提出的核心素养的培养包括语言能力、文化意识、思维品质和学习能力等方面。在浸入式各个学科的教学中，教师可以通过各种活动，在提升学生语言能力的同时有意识地培养学生的其他核心素养。

比如，浸入式课程的品德与社会课（学生用书5A）第二单元讲述的是中国的历史成就，主题包括四大发明、丝绸之路、传统艺术、孔子，教师可以让学生分组介绍每个主题，可借助幻灯片或视频等手段，让学生通过分享自己的学习过程，提升用英文讲好中国故事的能力。

教师还可根据学科内容不同的核心素养培养目标，选择与课堂内容相匹配的音视频资料，在潜移默化中渗透相关主题。一些以儿童为观看对象的英文动画片可在语言学习中渗透核心素养培养的内容。比如《蓝色小考拉》（*Penelope*）适合启蒙阶段的孩子，每集5分钟，主题明确，学生能学到很多简单的生活用语和基本礼仪。再如《消防员山姆》（*Fireman Sam*），每集十分钟，巧妙地将消防安全知识融合到一个个幽默诙谐、妙趣横生的故事中，学生在娱乐的同时能学到重要的消防安全知识和为人处世的道理。《你好中国》（*Hello China*）用一百集的内容介绍中国文化的方方面面，可以成为学生讲好中国故事的启蒙资料。

对于在数字时代长大的学生，数字媒体已成为生活的一部分，教师可以通过引导让学生观看高质量的节目和视频，有效利用现代信息技术，提升对各个科目的学习兴趣及学习成果，在提升语言水平的同时培养学生的核心素养。

四、听说教学注意事项

（一）避免教师包办代替

在课堂上，教师应该充分相信学生的潜力，留给学生充分的时间和空间，鼓励学生独立思考。在学生展示他们的作品时，教师应尽量避免代替学生描述他们的作品，否则会减少学生的语言输出机会。

（二）选择适合的学习材料

教师在选择听说材料时，应对学生的水平有准确的了解，按照学生的“水平＋1”的程度准备材料，使材料既有挑战性，又在学生可以完成的范围内。

（三）运用恰当的纠错方式

学生回答问题时出错，教师不应立即纠正，而是可以通过提问的方式提醒学生句子有误，让学生自己意识到问题，再进行修改调整。中国学生的英文口语常出现的问题是时态错误、第三人称单数运用不恰当、混淆 he 和 she，这些问题都需要有针对性地进行训练。

（四）制定合理的评价体系

教师对于学生口语练习的成果应及时给予评价，评价以积极评价为主，但也需不时指出学生的具体问题，并要求学生及时改正。比如，学生在配音 App 上练习口语时，教师可在互动框内指出学生的发音错误，让学生直接回复纠正过的单词或句子，不需要再反复录制。但小学班级人数一般较多，每天批改学生练习会加重教师负担。建议实验小学与高校相关专业合作，如英语、小学教育、英语学科教育，选派口语优秀的学生或实习生成为线上助教，每个助教分配 4 到 5 名学生，负责在 App 上批改练习作业，形成学生学习档案并及时向教师反馈。小学教师可重点关注某些学生是否在一段时间内取得进步或问题是否有所改进，同时辅以课内和课下的指导。这是在口语输出方面的形成性评价和终结性评价。终结性评价可以由教师来完成，形成性评价可以由助教协助完成。

五、结语

英语新课标指出，英语课程应围绕核心素养，体现课程性质，反映课程理念，确立课程目标。核心素养的内涵是语言能力、文化意识、思维品质和学习能力。与传统教学方式相比，浸入式教学的理念能更容易地实现核心素养的培养。以听说领先为目标的浸入式英语教学通过学科内容来掌握英语，靠的是大量在课堂内高质量的语言输入和学生的语言输出。教师应结合新课标的要求，以大单元设计为主线，串起相关主题的内容，灵活运用各种教学策略和方法，让学生长期浸泡在英语环境中，通过大量设计完善的活动，以学科内容促语言学习，力求超额实现英语新课标的学习目标。

小学英语浸入式读写教学策略

一、读写教学研究意义

《义务教育英语课程标准(2022 版)》提出学科核心素养是学科育人价值的集中体现[1]。育人的过程与语言学习和内容理解的过程紧密相连,其中就包含大量的阅读活动[2]。一方面,英语阅读可以帮助学习者获取外部信息来了解世界;另一方面,英语阅读有利于学习者学习语言知识和提高英语语言能力。因此,采取恰当的策略开展英语阅读教学,对培养学生的学科核心素养具有重要意义。要发展学生的英语学科核心素养,阅读教学必须走出"知识理解"围栏,由"知识理解"向"问题解决"过渡,再向"知识创新"提升[3]。

在小学阶段培养学生的英语阅读能力同样利于学生理解与掌握写作技巧,从而提高学生综合运用英语的能力。义务教育阶段英语课程的主要目的是为学生发展综合语言运用能力打基础,为他们继续学习英语和未来发展创造有利条件。英语阅读和写作是小学生获得大量语言输入而后进行语言输出的重要途径,对提高学生的英语综合运用能力发挥着非常关键的作用,是小学英语教学的重要组成部分。教师应重视小学生英语读写能力的培养,积极探索适合小学阶段的读写教学模式,培养与发展学生的核心素养。

二、读写教学研究现状

从目前的实际教学情况来看,小学英语阅读和写作教学还存在诸多问题,绝大多数学生缺乏英语应用能力和交际能力。就英语阅读教学而言,教师应激发学生自主阅读的兴趣,帮助学生养成良好的阅读习惯,培养阅读策略[4]。然而,当前的阅读教学面临三大问题:(1)教学方法相对单一,缺乏对主题意义的深度挖掘;(2)过于看重词汇语句的操练和文本内容的教学导致学生对阅读活动缺乏兴趣,阅读积极性不高;(3)问题设计不利于引发学生的自主思考[5],不利于培养学生阅读能力和阅读策略。就英语写作教学而

[1] 中华人民共和国教育部. 义务教育英语课程标准(2022 年版)[M]. 北京:人民教育出版社,2022.

[2] 王蔷. 核心素养背景下英语阅读教学:问题、原则、目标与路径[J]. 英语学习,2017(2):19-23.

[3] 吴清晰,谢飞翔. 基于 CAPS 模式的高中英语阅读教学有效策略[J]. 教学与管理,2019(7):58-59

[4] 丁文敏. 小学英语阅读素养内涵及教学实践——以译林版牛津小学《英语》story time 为例[J]. 基础教育课程,2019(5):49-54.

[5] 崔旸. 小学英语课堂教学有效性的研究[J]. 中国教育学刊,2018(12):144.

言，教师应培养学生从口头表达转向书面表达的能力，让学生学会主动将所学的单词、语法、句型等知识与技能整合到英语写作中，从而提高语言的综合运用能力。而在实际教学过程中，教师往往组织大量的听、说、读活动，忽视对写的有效训练，且缺乏相应的写作指导[1]。这是因为部分教师对写作教学的认识较为片面，认为写作教学和训练过于费时，影响教学进度；写作作业难批改，评分标准具有主观性[2]；写作教学枯燥，对小学生而言难度过大，易降低课堂的活力。

传统的教学模式倾向于将阅读和写作分开进行教学，对学生单方面的阅读或者写作能力进行针对性的训练，从长期来看不利于学生的发展。事实上，学生语言能力的发展是综合性的、螺旋式的，听、说、读、写各项能力的发展是互相制约、互相促进的。学生需要在形式多样的、有意义的、真实的语言实践活动中，通过真实任务与他人进行互动，从而达到语言交际的最终目的[3]。因此，在小学英语教学过程中，教师应该探索新的教学策略，尝试将阅读教学和写作教学有机衔接起来，设计面向全体学生的具有激励性、真实性和层次性的学习任务，同时要兼顾学生的认知发展水平、知识层次和接受能力[4]，并根据学生的实际学情来科学地调整教学目标、内容、策略和进程，找到一条适合儿童身心发展、使儿童轻松愉快地学习和掌握第二语言的途径。

浸入式教学最早起源于 20 世纪 60 年代的加拿大，其目的在于使学生有效地学习母语和第二语言，通过第二语言掌握学科知识，并增进对他国文化的理解。在关于浸入式教学的研究成果中，最具代表性的是加拿大的法语浸入式教学模式[5]。20 世纪 60 年代，位于加拿大魁北克省蒙特利尔郊区的圣兰伯特学区率先开始实施法语浸入式教学实验，该实验一直进行到学生高中毕业，至 20 世纪 70 年代末取得了显著的成果，在全国范围内引起了轰动，并以多种形式广泛传播[6]。法语浸入式教学模式在加拿大还应用到西班牙语、葡萄牙语、日语、俄语等多种第二语言的教学中，在加拿大中小学引起了第二语言教育的巨大变革，对整个加拿大教育产生了强烈的冲击和影响。

近 30 年来，世界上许多国家在进行第二外语教学时或多或少都借鉴了加拿大的法语浸入式教学，这一教学模式极大地推动了全世界双语教育的发展。例如，澳大利亚于 1985 年开始进行外语教育改革实验，先后进行了法语、日语、汉语、意大利语和德语等第二语言的浸入式教学实验；匈牙利于 1989 年进行了英语浸入式教学实验，在保持初中生原有外语教学时间的基础上，安排用英语教授其他课程，成效显著；美国在 1996 年进行

[1] 梁伊丽．高效课堂下的小学英语写作教学[J]．现代教育科学，2010(6)：80 - 81，88

[2] 杨华利，郭盈，黄涛，等．人机协同支持下的小学英语写作教学研究[J]．现代教育技术，2020(4)：74 - 79.

[3] 董振颐．运用任务型教学法进行小学高年级英语写作教学的实验研究[J]．教育导刊，2011(4)：34 - 37.

[4] 张富红．小学英语写作教学中的任务设计[J]．当代教育科学，2007(3 - 4)：113 - 114.

[5] 王国惠，李春茂．论“浸入式”双语教学模式及其作用[J]．北京大学学报(哲学社会科学版)，2007(5)：301 - 302.

[6] 强海燕，SIEGEL L．加拿大第二语言浸入式教学发展概述[J]．比较教育研究，2004(7)：1 - 7.

了汉语浸入式教学，随后开展了朝鲜语、俄语和日语的浸入式教学。此外，荷兰、新加坡、南非等国也都进行了不同类型的第二语言浸入式教学的尝试。随着浸入式教学的不断发展，日本和韩国等亚洲国家也开始积极探索浸入式教学模式。1992 年，日本首次在大学开展英语浸入式课程，随后将其分别引入幼儿园和中学。2003 年，韩国京畿道政府创建了京畿道安山英语村，为所有的中小学生提供英语浸入式语言学习环境。教学实验表明，浸入式教学有利于提高儿童学习第二语言的兴趣和动机，他们所获得的第二语言能力、母语能力及学科课程的成绩都明显优于其他外语教学模式培养出来的儿童[1]。

英语浸入式教学模式是基于 20 世纪 60 年代兴起的语言习得和语言学习理论而产生的。无论是对于儿童还是成人，第二语言能力只能通过自然的习得过程来获得，这种自然习得的能力使语言学习者既可以获得听和读的接受性技能，又可以获得写和说的产出性技能。英语浸入式教学可以为这种无意识语言习得创造有利的条件，使得第二语言不仅是学习的内容，也成为学习的工具[2]。

20 世纪 90 年代以来，低龄化、与教育研究相结合、与学科内容相渗透已成为国际第二语言教学改革的三大趋势[3]。1997 年 6 月，“中国-加拿大教育合作项目双语教学研讨会”在西安召开，多所大学的研究人员共同商议成立了“中加教育合作英语浸入式教学实验课题组”，在借鉴加拿大法语浸入式教学成功案例的基础上对西安具有不同代表性的 8 所幼儿园和 5 所小学开展了早期英语半浸入式教学实验，目的是探讨我国儿童学习和掌握外语的最佳途径，有效解决我国双语人才培养的途径和质量问题。研究结果表明，浸入式教学有效地促进了儿童的英语习得，有利于提高儿童英语学习的积极性和主动性。这一项目后期扩大至中学教育，已持续 20 多年，并从西安发展到广州、深圳、上海、北京、澳门等多个城市。目前，我国英语浸入式实验的研究规模不断扩大，且研究内容不断深入，有利于推动未来浸入式教学的发展。

中国儿童早期英语浸入式教学实验研究引起了国内外语界和教育研究界的关注，它不仅为当代外语教育思想和教学观念改革提供了一定的启示，还为开展中国儿童早期第二语言学习的实践总结出有效的经验。中国儿童第二语言学习和发展是否能取得成效，主要取决于这些方面：全英语环境的创设；具有挑战性的课程；教师的期望；师生及生生的合作与互动交流。在英语浸入式课堂中，语言环境的创设是核心和关键[4]，英语作为教学语言始终贯穿于各类学科活动之中，极大地增加了儿童接触英语的机会。在浸入式教学过程中，教师充分发挥学生的主体性地位，鼓励儿童尽可能多地用英语进行交际，使学生在自然

---

〔1〕 MCLAUGHLIN M W. Teacher evaluation and school improvement[J]. Teachers college record, 184, 86(1):193 - 207.

〔2〕 赵琳，强海燕. 儿童早期第二语言浸入式教学与课程建构研究[J]. 学前教育研究，2002(4):30 - 33.

〔3〕 赵琳，裴淼，刘华，等. 中国儿童第二语言学习的新课程模式[J]. 陕西师范大学学报(哲学社会科学版)，2006(4):118 - 122.

〔4〕 杨亚敏，黄建延. 试述幼儿英语浸入式教学的适应性[J]. 内蒙古师范大学学报(教育科学版)，2010(6):86 - 87.

的语言环境中习得各学科知识，激发儿童的英语学习兴趣，提高学生的课堂参与度。

此外，就目前的学习形势而言，浸入式教学不但符合学科融合和以学生为中心的教学理念，其教学活动的设计也有助于实践英语学习活动观，促进核心素养的形成与发展。浸入式教学经过几十年的实践与研究已经取得了丰硕的成果，然而针对浸入式读写教学策略的研究仍寥寥无几。作为专家团队的成员以及学科教学英语方向的教师，笔者试图将理论与实践相结合，针对浸入式英语读写教学提供一些建议和策略，供大家参考。

三、浸入式英语的读写教学策略

小学浸入式英语教学一直倡导“听说领先，读写跟上”的原则，小学生到了中高段就需要掌握一定的读写策略，教师需要引导学生学会这些策略，使学生能够自主运用策略并内化所学的知识，最终实现读写目标：在阅读相关主题的语篇材料时，能梳理人物、场景、情节等信息，独立思考并提出个人见解；能用简单的语句描述图片内容，语句意义连贯且句子形式基本正确；愿意通过阅读等方式了解不同的语言和文化现象，尝试从不同角度分析问题。

高效的读写课堂教学能够促进教师、学生和文本之间的互动实践，模拟真实的学习情境，在这种特殊情境中，学生通过学习阅读材料中的知识，在分析和思考的基础上汲取精华，进而建构新的或完善已有的知识体系，提高自己的问题解决能力，并逐步提升核心素养。也就是说，英语读写不仅仅是学生获取知识和技能的重要途径，更是学生拓展思维、培养情感态度和价值观的实践过程，教师要把握课堂时间，从教学的各个环节来实现这一目标。

英语浸入式教学常常采用 SIOP(The Sheltered Immersion Observation Protocol)教学模式，此模式包含开课(start with motivation)、课堂呈现(presentation)、练习及运用(practice & application)和结课(end with review & assessment)这 4 个步骤。笔者基于建构主义理论、英语学习活动观及布鲁姆教育目标分类，根据 SIOP 的 4 个步骤为浸入式英语的读写教学提供一些策略和建议。

(一)开课

SIOP 中的开课相当于传统英语教学模式中的导课，此阶段是引导学生进入有效学习的热身方式，是英语课堂的一个重要环节，是一堂课的“点睛”之笔，直接影响学生对整堂课的注意力投入。

作为一堂课的龙头的导入一定要抓住学生的兴奋点，这里说的龙头导入就是经过巧妙设计的课堂导入，一亮相就要吸引学生们的眼球，帮助教师渲染外语学习的氛围，把单调乏味的教学变得生动活泼，为学生在轻松自然的气氛中进行语言习得和操练创造条件，调动学生的热情，激发学生的学习兴趣。

良好的开端是成功的一半，开课环节设置得好，不仅能为课堂增添亮点，而且能调动学生学习的积极性和主动性。成功的英语阅读课导入不仅能使整堂课与后续教学活动衔接自如，同时也有利于激发学生阅读兴趣，引导学生掌握阅读技能，培养学生阅读思维能力。

1. 遵循原则

开课设计原则有目的性、关联性、直观性、启发性、多样性和趣味性等[1]。针对这些原则，教师在进行读写教学开课设计时要针对本班学生的认知特点及学习风格认真思考，广泛查阅资料，以期达到最佳效果。

2. 实施方法

教师要依据教学的任务和内容、学生的年龄特征和心理需求，灵活多变地运用浸入式英语读写课的开课方法。常用的开课方法有视频节选开课、情境开课、歌曲开课、图片开课、游戏开课、简笔画开课、提问开课、表演开课、复习开课、故事和笑话开课、竞赛开课、朗诵开课、背景知识开课、简介开课、教师以身说法式开课、观察开课、简介开课等。

开课方法丰富多样，笔者结合浸入式教学课程，总结了 10 种常见的小学英语读写开课方法供教师参考。这些开课方法意在激活小学生头脑中的图示，激发阅读与写作的兴趣，培养读写思维能力。

例一　视频节选开课

在讲授《生命科学》第一册中的“动物”一课时，对于第三章节中的无脊椎动物模块，教师可以使用一段无脊椎动物的简单视频来开课，以引发学生的兴趣，快速进入本课的主题。

例二　情境开课

在讲授《道德与法制(4B)》第四单元第十三课“保护环境”时，教师可先在教室创设一个令人不快的环境，然后让学生们自己去体会生活在这种环境中的不适，以达到强化主题的效果。

在讲授“交通规则”一课时，教师可在教室入口设置红绿灯和斑马线，学生想进教室必须按亮交通灯绿灯后才能通行。合理的情景设置既能引起学生的兴趣，又能将英语语言运用到真实的生活场景中，体会语言的实用性，以实现用目标语做事情的目的。

例三　歌曲开课

在讲授《道德与法制(3A)》第三单元“Make Friends”时，教师可以用耳熟能详的《友谊地久天长》开课，调动课堂气氛，让学生将注意力快速转向本课主题。

例四　图片开课

在讲授《道德与法制(5A)》第一单元“Our Great Country”时，教师可以直接用书上或班里的中国地图开课，让学生能够直观感受到祖国辽阔的地域，体会祖国的地大物博。

例五　游戏开课

在讲授《生命科学》第二册“植物”一课时，对于第一章节“Plants Around Us”，教师可以用魔术的形式变出身边的各种植物，活跃课堂气氛，激发学生对即将学习的知识的好奇心。

例六　简笔画开课

在讲授“不同职业”一课时，教师可先简单画出一棵树，再画出一个落下的苹果，引导学生联想到科学家牛顿，从而自然习得“scientist”这个词。

---

[1] 曾抗．英语学科教学与设计[M]．北京：中国社会科学出版社，2013.

例七 提问开课

在讲授“周末活动”一课时，教师可先向学生介绍一下自己周末所做的事情，然后自然转向学生进行提问，让学生分别讲述自己的周末活动。

例八 表演开课

任何学科的学习都强调“学以致用”，语言学习更是如此。学生在学习英语后，要会合理使用英语。教师可在每节课开始时花 5 分钟左右的时间让学生到讲台前用所学内容表演他们自编的小短剧。这个活动并非简单地重复单词，而是一种语言的创造、语言的活学活用。如在讲授“龟兔赛跑”这个文本时，教师可以让两个学生戴上写有英文单词的头饰进行表演，让学生在轻松愉快的氛围中复习巩固已学知识或预测新知识，以达到事半功倍的效果。

例九 教师以身说法式开课

在讲授“Healthy Food”一课之前，教师可根据情况用自身的经历引导学生说出健康食品的重要性，从而自然地引出本课教学内容。

例十 随机应变，临时确定

例如，教师在讲解“What's happened to you?”这个句型时准备了一篇故事作为导入，进入课堂时发现有个学生趴在桌上，此时教师可随机应变，把上课的第一句话改为“What's happened to you?”，这就结合具体的情景恰当地引入了要学的句型。

3. 要点提示

教师在设计开课环节时，应注意以下几点：

· 按照瑞士心理学家皮亚杰的儿童智力发展的 4 个阶段，小学阶段正处于具体运算阶段。在此阶段，孩子分类和理解概念的能力有明显的提高，但是，对那些不存在的事物或从没发生过的事情还不能进行思考。因此，教师开课时要充分考虑学生的年龄特征和心理特点，并根据语言材料的特色来进行设计。

· 教师应尽量从身边的事、学习问题和名人逸事导入。

· 教师应注意变换方式，不要每次都用一种模式开课。

· 开课时，教师尽量不要随意发挥，第一句话该说什么、怎么说都要进行认真思考。

· 开课要与即将进行的教学内容相配合，要为教学目标服务，不可仅仅以活跃课堂气氛为目的。

(二)课堂呈现

如果说开课环节是一堂课的“龙头”，那么课堂呈现则是一堂课的“猪肚”，是英语教学的主渠道。粗放式的教学模式无效劳动太多，太过浪费时间，因此读写课堂呈现要整进整出，量大、高效、节奏快，内容充实如“猪肚”。

1. 遵循原则

教师在设计课堂呈现环节时，应遵循以下原则：

· 整进整出：教师切忌第一次接触课文就把课文分成几个不同的部分，这样做会破坏文章的整体性；不要抛开完整的语篇去关注单个词语的意义，因为单词只有放在语篇中才有意义。

- 大容量：大容量的课堂指教学内容多、信息量多、练习多、方法多、活动多以及每个学生有效学习的量多。
- 多台阶：教师要分解读写任务，从低台阶开始，一步步向教学目标迈进。
- 快节奏：快节奏的课堂意味着教师点拨快，学生完成任务快，围绕重点、难点和易错点进行练习的节奏快。
- 高复现：教师要由简单到复杂、由单一到综合，有目的、有计划地对知识点进行复现。
- 高密度：教师要梳理知识，构建思维导图，以简驭繁，举一反三，触类旁通，对知识进行归纳比较。
- 高效率：教师要使课堂紧凑高效，用大容量保证大输出，快节奏保证大容量，高密度保证知识的广度和深度，整进整出保证文本的整体理解。

学生的思维存在着"反向运动"规律，如果为迁就学生而放慢节奏，那么学生的思维节奏就会更慢，最终陷入"疲软"状态。因此，"整进整出、大容量、多台阶、快节奏、高复现、高密度、高效率"的课堂教学是可行的，要求教师在课堂上不做无用功，尽量减少课堂浪费，把讲、练、巩固、提高、扩展有机结合，各有侧重，逐步培养学生的英语思维。

2. 实施方法

为使课堂呈现紧凑高效，教师可考虑以下方法：

- 认真备课：备大纲、备教材、备学生、备教学方法，丰富语言材料。
- 课时重组：将各单元课时内容重新排序，优化组合，省时高效。
- 优化课堂结构：确立学生的主体地位，使教学内容更广、更深。
- 借助多媒体：扩充信息含量，增加知识密度，加快授课速度。
- 培养学习习惯：让学生大胆开口，主动复习、预习课堂内容，积极参与课堂。
- 重视学法指导：授人以渔，引导学生积极主动地学。

此外，教师还可灵活运用上课技巧。下文将介绍 2 种常见的上课技巧以供参考。

例一　大容量上课技巧

语言输入是输出的前提条件，只有大量输入语言信息，才有可能使学生产生一定的语言信息输出。为确保语言输入量，教师授课时应考虑以下几点：

- 导入热点问题，使学生了解前沿知识。
- 拓展背景介绍，填补相关知识空缺。
- 增加文化背景介绍，使学生了解不同文化。
- 随机插入相关信息，随时为课堂注入活力。
- 借助媒体辅助，使课堂教学丰富且高效。
- 设计快速阅读练习，实现信息大量输入。
- 精选随堂练习题，当堂巩固所学知识。

例二　快节奏上课技巧

教师要加快上课节奏，同时保证学生能适应快节奏的课堂：

- 教师要对学生学习方法进行指导，培养学生听课习惯。

· 教师应控制每个活动的长度，做到课堂活动短小精悍。

· 教师应适当运用手势语言，提高学生理解速度。

· 教学活动要有可操作性，避免浪费时间。

· 教师的表述和指令要科学、简明和清晰。

· 教师要合理运用道具，缩短讲解时间。

· 对于情景交际英语，可采用同桌或小组合作学习方式，教师来回巡视并选出几对（组）学生在班内进行示范，节省时间。

· 教师可使用快节奏提问方式，如“one by one”提问、面对全体的连珠炮式提问、抽样提问、打破砂锅问到底式的连锁提问等。

3. 要点提示

在课堂呈现环节，教师应注意以下几点：

· 上课时要尽力避免节奏松散、效率低下以及活动练习放任自流。

· 不能一味地追求快节奏，要讲求实效，不哗众取宠，保证教学效果。

· 不过度使用无启发性的教学语言。

（三）练习及运用

练习及运用是学生在接受读写输入内容及知识点后，在头脑中对知识内化吸收并将之运用到现实生活以解决问题的过程，也是展示学生从“不知/不会”到“知/会”的一个学习过程。基于学科核心素养的英语读写练习应该以整体输出和意义表达为导向，在基于学生已有知识经验的基础上，依托语篇内容培养学生的高阶思维、提升学生的语用能力。练习及运用环节的设计非常重要，关乎一节课的成败。

1. 遵循原则

《九年义务教育全日制小学教学大纲》明确指出，练习是使学生掌握知识、形成技能、发展智力的重要手段。教学实践也证明，概念要通过练习理解，知识要通过练习巩固，技能要通过练习形成。可见，练习设计的质量如何，直接影响教学质量与效果。练习是为教学目的服务的，因此设计练习时要准确地把握各部分知识结构中的重点和难点，使练习符合学生思维特点和认知发展的客观规律。设计练习时，教师应遵循以下原则：

· 目的性和针对性原则。练习设计要有明确的目的性和针对性，任何练习都应围绕教学目标展开，不得随意设计。

· 循序性和层次性原则。20 世纪 50 年代，美国著名教育心理学家和课程理论专家布鲁姆开始探究如何将教育目标具体化和系统化。经过大量的教学实践探索，布鲁姆提出了教育目标分类理论，包含认知、情感和动作技能多个方面，对外语教学产生了深远的影响。因此，在读写教学过程中，教师要根据认知目标 6 个层级的不同要求来明确具体的教学目标，巧妙设计从理解到应用、从分析到评价等有层次的活动，指导学生运用语篇知识。在进行读后活动设计时，教师应该关注文本深度解读中的高阶思维训练，鼓励学生围绕话题有理有据地表达个人的观点，为写作训练打好基础。按照《义务教育英语课程标准（2022 年版）》英语学习活动观的要求，学习理解类活动、应用实践类活动和迁移创新类活动应具有关联性及层次性。

· 反馈与评价原则。练习中的反馈具有即时性特点。教师可以在短时间内捕捉学生的反馈信息，及时给予学生形成性评价（练习过程中）和总结性评价（练习之后）。反过来，学生也会从教师的指导和评价中获取反馈信息，以便改进或调节自己的学习行为。

· 趣味多样性和情景性原则。20 世纪 80 年代，以皮亚杰为代表的西方心理学家在认知学习理论的基础上提出了建构主义理论。建构主义理论认为，知识的获取不是一个被动的过程，而是学习者在一定的情境即社会文化背景下，借助他人（包括教师和学习伙伴）的帮助，利用必要的学习资料，积极主动地进行意义建构的过程。该理论强调学习者对知识的主动探索和主动发现。因此，教师应根据学生年龄、生理、心理特点巧设练习，激发学生兴趣，为学生创设生动活泼、轻松愉快、符合教学内容且贴近学生生活的真实的教学情境与学习环境，同时考虑题型和练习方式的多样化，使学生沉浸在丰富的、强化的、持续不断的外语环境中。

· 高密度、大容量与复现性原则。《九年义务教育全日制小学英语教学大纲》对学生的语言实践问题给予了极大的关注和详尽的描述，提出要增加语言实践的量，有效提高教学质量。现代英语课堂教学的特点之一是实践性，即重视学生的参与，强调向学生提供大量的练习和活动，以保证学生在单位时间里有足够的机会接触英语。英语应以练为主，教师应在有限的课堂时间里设计高密度、大容量的练习活动，让学生不断运用英语，内化语言知识。同时，课堂练习的设计还要具有复现性。所学的知识倘若长时间得不到复现，就会被遗忘。因此，教师在设计练习时要注意不断巩固知识点以强化识记，这也利于学生加快学习的速度、提高学习的效果。

· 读写结合原则。阅读的过程是信息输入的过程，而运用输入的信息来完成某项任务则是激发学生兴趣、巩固阅读效果和转化学习能力的必要途径。在设计阅读课课堂练习时，教师应注重将学生的接收性技能有效地转化为输出性技能，培养学生的创造性与思辨性，做到读写结合。

2. 实施方法

教师要想有效开展小学英语读写教学，就需要充分认识读与写在教学中的作用，以提升学生的核心素养为教学目标，对教学模式进行深层次的研究和分析。在实际教学中，教师可考虑以下几种方法：

· 通过以写带读的方式进行阅读教学。在实际英语课堂教学中，学生要围绕教学主题进行充分讨论，分析和挖掘语篇中的深层知识内容及其中隐藏的思想感情，同时记录相关主题因素，通过写作加强自己的思辨能力，更深刻地理解书本中的知识，为以后进行深层次的阅读理解打下坚实的基础。只有深入理解课本中的知识和情感，学生的综合阅读效率才能真正得到提高。教师要鼓励学生在写作时把内心的真情实感写出来，强化学生探究和思考阅读内容的能力，在锻炼学生英语语言能力的同时培养和发展学生的核心素养。

· 深层次探索读写结合的方式。教师要深入理解授课内容，在开展英语教学前阅读大量与教学主题有关的资料，这样才能积累足够的阅读与写作素材，设计出多样的读写结合教学方式。

· 巧妙地设置问题。教师在设置问题的时候要灵活巧妙，要对答案进行充分的探索。教师在开展英语读写教学的时候，一定要和学生的实际情况相结合，灵活运用每一种教学策略。在学生阅读一篇文章后，教师可以通过思维导图来设置问题，让学生充分了解作者的写作意图和论述方式，并将其运用到自己的写作中。

(四)结课

织框编篓，重在收口。一堂好的英语课不是"虎头蛇尾"，而是"龙头凤尾"。教师应针对不同课堂的教学类型、内容和要求，考虑教学对象的知识结构、智力水平、年龄特点和心理特征，精心设计与之适应的结课方式。精彩圆满的结课可以帮助学生回忆课上所学知识，并把新学习的语法技巧和概念纳入旧的知识结构，完善知识体系与框架。

1. 遵循原则

结课要有目的性、针对性、概括性、系统性、实践性、启发性、多样性和时间性。结课时，教师可对所讲授的知识加以总结、整理，或深化概念和规律、反馈教学信息，也可以埋下伏笔，为后续教学服务。

2. 实施方法

课堂结尾的一般形式有总结归纳式、复述式、作业式、讨论式、比较识记式、设疑伏笔式、启导预习式、首尾照应式、激发兴趣式、拓展延伸式、访谈式、纠错式、表演式、视听式、名言警句式、朗读式和激励式等。教师可根据每堂课的主题和读写教学内容，选择合适的结课方法。

例一　激励法

在"Saving the Earth"一课的结尾，教师可设计一次分组竞赛，让学生用核心句型造句。教师先给出一个例句，学生接着这一句的内容造句，看哪一组造的句子更多。

T: If the population goes on increasing, there will be only standing room. S1: If there is only standing room for us, it will be impossible for us to sit or for us to lie down next century. S2: If we can't sit or lie down, we'll get very tired. …

教师所给的例句可以是关于人口激增、空气污染或水污染等问题，直到学生造的句子中出现"If...,the earth will come to its end"时，教师可总结收尾：

If we want to live on the earth, we have to do something to control the population and prevent pollution, because we have only one home—the earth. It's do our duty to save the earth.

上述句型操练始终围绕一个主题——拯救地球，这样的分组竞赛旨在唤起学生热爱和保护地球的意识，既能激发学生学习英语的兴趣、强化知识点，又能发散学生思维，为写作提供素材。

例二　讨论法

在"No feeding animals, please" 一课的结尾，教师可要求学生就在动物园投喂动物的问题进行讨论：

Do you and your classmate often feed animals in the zoo? Why can't we feed animals in the zoo?

基于学生广泛的讨论，老师可以借此布置书面写作练习。

3. 要点提示

在结课环节，教师应注意以下几点：

- 发挥学生的主体作用。
- 充分利用电化教学手段。
- 每堂课上留有时间来结束课堂教学，结束时间要紧凑，不拖泥带水，不草率行事。
- 结尾必须为课堂主题服务，不要喧宾夺主和哗众取宠。
- 结尾形态要活，内容要有趣，效果要实。

当然，教学模式要有多样性。在实际教学中，阅读与写作课活动可以有不同的设计。除了 SIOP 教学模式，教师还可以将 KWL(Know-Want to Know-Learnt)应用在实际的英语课堂。这种教学模式既注重学生知识的形成，又注重学生能力的提高，在很大程度上改善了英语阅读写作课目前存在的弊端，KWL 教学模式以学生为主体，重视学生需求，引导学生主动阅读和自主探究问题。此外，ESA 也是一种有效的教学模式，E 即 Engage，S 即 Study，A 即 Activate，三要素灵活组合可形成不同课型。教师可根据不同的课程内容的难度选择不同的课型。

总之，在英语读写教学中，教师应抓住一切机会调动学生们的积极性，鼓励用英语来表达自己的想法以培养学生思辨能力，尝试通过多种方式发现并解决语言学习中的问题。

四、小结

在语言学习中，阅读可以为写作提供模仿的范例，使写作更具有目的性；写作可以提高学生的阅读学习兴趣，使阅读更有意义。教师要在阅读教学中引导学生积累写作素材、学习写作技巧，在写作教学中引导学生运用阅读中学习的词汇语法知识和写作技巧，以熟悉和掌握所学内容，培养学生的思维能力，进而提高学生的语言综合运用能力，为发展学生的核心素养打下坚实的基础。

在今天新课改的大背景下，教师要基于核心素养的标准，在课堂上应用读写结合的教学模式，有针对性地对每一个学生实施教学，使学生的阅读和写作能力都能得到提升。此外，在平时授课的时候，教师还可以充分利用先进的多媒体技术等教学资源，让学生更直观、形象地了解教学内容，更好地打造小学英语高效课堂。

跨文化视角下小学英语浸入式教学策略研究

一、引言

在小学英语教学中，跨文化交际意识的培养是一个重要而复杂的过程。浸入式教学是一种有效的语言教学方法。在跨文化视角下，更好地实施浸入式教学就需要教师采取科学合理的教学策略。本研究通过对国内外小学英语浸入式教学的实施现状进行对比分析，发现目前我国的浸入式教学仍面临诸多挑战。为了有效改进浸入式教学策略，教师首先需要明确跨文化教学目标，合理设计教学流程，确保教学活动的有效开展。其次，教师要采取多样化的教学方式，如情境教学、比较分析、小组合作等，提高学生学习兴趣，促进跨文化意识的形成。再次，教师应丰富教材中的跨文化内容，采用融合法、实践法、比较法等方式，加强学生对不同文化的感知和理解。

以某小学三年级英语课堂为例，教师以“约翰的一天”为话题，设计了一堂跨文化浸入式教学课。课前，教师通过多媒体展示了英美儿童的日常生活场景，引导学生思考不同文化中生活方式的异同。课中，学生分组扮演约翰一家人，模拟家庭用餐、问候等日常交际情景。课后，教师引导学生比较中西文化差异，加深学生对不同文化的理解。通过浸入式教学方式，学生能够通过切身的体验，更深刻地思考教学内容，在一定程度上能够提升学生的文化敏感度和国际视野。在小学英语教学中渗透跨文化交际意识，需要教师从教学环境、教学内容、教学方法等方面进行多维度的策略优化。唯有不断改进浸入式教学策略，才能切实提高学生的跨文化交际能力，培养具备国际视野的时代新人。

二、小学英语教学背景分析

（一）浸入式教学概述

浸入式教学是一种语言教学方法，通过创设目的语语言环境，使学生在真实语境中学习和应用语言，从而提高语言学习效果。浸入式教学法强调语言学习过程的自然性和无意识性，倡导学生通过大量接触、使用目的语来习得语言知识和技能。该教学法最早起源于加拿大的法语浸入式教学实验，后被广泛应用于世界各地的外语教学中。

浸入式教学的理论基础主要包括第二语言习得理论、语言输入假说和情境教学理论等。语言学家克拉申提出的语言输入假说认为，学习者只有在接受大量可理解性输入(Comprehensible Input)的情况下，才能有效习得第二语言。浸入式教学通过营造丰富的目的语环境，为学生提供大量可理解性输入，有利于学生潜移默化地习得语言。此外，浸入式教学强调语言学习与使用相结合，与情境教学理论不谋而合。

浸入式教学的具体做法包括全英文授课、创设真实语境、强调语言运用、重视文化背景等。在浸入式教学环境中，教师使用英语作为课堂教学语言，引导学生积极参与课堂互动和语言实践活动。同时，教师还应创设贴近学生生活的真实语境，如创建英语角、开展英语情景剧表演等，让学生在真实语境中学习和运用语言。此外，浸入式教学还应重视培养学生的跨文化交际能力，引导学生了解和尊重不同文化，提高文化意识，拓展国际视野[1]。

综上所述，浸入式教学法是一种以语言运用为导向、注重语言环境创设的语言教学方法。该教学法强调学生在真实语境中习得语言，有利于提高学生的语言综合运用能力和跨文化交际能力。在小学英语教学中引入浸入式教学理念，对培养学生的英语应用能力和国际视野具有重要意义。

(二)跨文化视角的必要性

随着社会的发展和科技的进步，国际化进程不断加快，跨文化交际能力的培养显得尤为重要。小学阶段是学生英语学习的基础阶段，也是培养跨文化交际意识的关键时期。然而，目前小学英语教学中对跨文化交际意识的培养仍然没有得到重视，学生的跨文化交际能力普遍较弱。在小学英语教学中，渗透跨文化交际意识，不仅能够提高学生的英语综合应用能力，还能培养学生的国际视野和跨文化交际能力。根据语言学家拜拉姆的跨文化交际能力模型，跨文化交际能力包括知识、态度、解释和关联技能、发现和互动技能以及批判性文化意识 5 个维度。在小学英语教学中，教师需要从这 5 个维度入手，采取多种教学策略，将跨文化交际意识渗透到英语教学的各个环节中。例如，在语言知识教学中，教师可以通过对比中西文化差异，引导学生认识不同文化背景下语言表达的差异性，培养学生的文化知识和态度；在语言技能训练中，教师可以创设真实的跨文化交际情境，让学生在模拟对话中体验跨文化交际，提高学生的解释和互动技能；在文化知识教学中，教师可以引导学生对比分析不同文化差异，培养学生的批判性文化意识。

三、浸入式教学策略实施现状

浸入式英语教学在国内外实施情况存在明显差异。国外浸入式教学起步较早，且在教学理念、课程设置、师资配备等方面更加成熟和完善。国内浸入式教学的起步时间较晚，且受传统应试教育模式的影响较大，浸入式教学的推广和落实面临诸多挑战。具体来看，我国小学英语浸入式教学在课程设置上仍以语言知识为主，跨文化内容较少，难以营造真实的语言环境。教师授课以讲解语法和词汇为主，互动环节较少，学生缺乏语言输出机会，教师普遍缺乏跨文化背景和海外学习经历，对相关国家的文化了解不足，在课堂教学中难以引入丰富的文化元素。总体来看，我国小学英语浸入式教学亟须在教学理念、课程设置、师资培养等方面进行改革和创新。只有转变传统的语言教学观念，加强跨文化教育，营造真实的语言环境，才能充分发挥浸入式教学的优势，提高学生的英语综合应用能力。

[1] 吴发延．跨文化交际在初中英语教学里的渗透与融合[J]．学周刊，2023，4(12)：132－134.

四、浸入式教学策略实施面临的挑战

在小学英语教学中实施浸入式教学策略虽然能够提高学生的英语语言能力，但也存在一定的困难和挑战。教师在改变传统教学方法的同时，需要充分考虑学生的个体差异性，因材施教。通过观察学生在课堂上的表现和对问题的回答情况，教师要及时调整教学策略，避免出现教学环节不连贯、缺乏真实情境或课堂难度过高等问题。

此外，创设与跨文化交际渗透相关的英语教学情景也是一大挑战。课堂教学环境相对固化，跨文化交际的渗透较为困难。虽然有学校十分重视英语教学创新，在每堂课中结合教学内容创设具体情境，但这种做法的推广仍面临诸多阻碍。教师对差异化教学管理的理解程度、参与差异化教学实践的经验、课程设计能力以及学校教学资源等都会影响浸入式教学策略的实施效果。为了提高教师的教学水平和研究能力，学校应鼓励教师积极参加教育科研、教学研究、优秀课例展示、现场观摩课、名师讲堂等学术活动，以开拓视野；多阅读相关资料，总结教学精华；常思考、常总结，在知识积累的过程中实现质的飞跃。同时，学校还应开展多样化的教研互动活动，如集体备课、集体教研、同课异构等，让教师在相互研讨、相互帮助的过程中解决教学问题，优化教学设计。

在小学英语教学中实施浸入式教学策略，需要教师转变教学理念，创新教学方式，关注学生的个体差异，营造良好的跨文化交际环境。学校应加强对教师的培训和支持，提供必要的教学资源，鼓励教师开展教研活动，不断提高浸入式教学的质量和效果。只有教师、学生、学校多方协同努力，才能真正实现浸入式教学策略的价值，促进学生英语语言能力和跨文化交际能力的全面发展。

五、策略改进与实践案例

（一）改进浸入式教学的策略

纵观我国小学英语浸入式教学的实践现状，许多教师未充分重视文化差异对学生跨文化交际能力培养的重要性，学生的跨文化意识薄弱，从而制约英语应用能力的提升[1]。鉴于此，教师应创新浸入式教学策略，重视跨文化教育的渗透。具体而言，教师应结合英语课程标准，深入挖掘教材中蕴含的文化背景知识。教师应通过情景再现、比较分析等多元形式，帮助学生理解不同文化的内涵，培养跨文化意识。同时，教师还应开发校本课程，开展以跨文化交流为主题的英语实践活动，为学生搭建真实语境下的跨文化交际平台。有研究发现，参与此类活动的学生跨文化敏感度显著高于未参与组。可见，创新跨文化视角下的浸入式教学策略，能有效补偿文化教学的不足，激发学生探索目的语文化的兴趣，从而提高跨文化交际能力。

例如，在某学校的教学实践中，教师以“Festivals”一课为例，尝试将跨文化意识培养与浸入式英语教学相融合。教师首先利用多媒体展示中国与英语国家在庆祝新年方面的习俗差异，引导学生进行比较分析，理解文化内涵。接着，教师组织学生分组搜集、制

〔1〕 吴发延．跨文化交际在初中英语教学里的渗透与融合[J]．学周刊，2023，4(12)：132－134.

作中西方节日文化手抄报，在主动探索中加深学生对不同文化的认识。最后，教师组织开展“春节习俗介绍”英语配音大赛，鼓励学生用英语讲述中国年，感悟文化自信。活动后，大部分学生都对春节习俗的英语表达有了较好的掌握，表明融入文化教育后的浸入式教学能显著提升学生的跨文化表达能力。

综上所述，教师应积极创新教学策略，将跨文化视角与小学英语浸入式教学紧密结合，在丰富教学内容、优化教学形式的同时，为学生搭建实践平台，最终实现学生英语应用能力和跨文化交际意识的共同提升。

（二）小学英语教学案例分析

本研究采用课堂观察、问卷调查、访谈等多种方式，对某小学三年级 2 个班级共计 76 名学生的跨文化英语教学实践进行分析，研究发现运用情景模拟、角色扮演等浸入式教学策略，有助于提升学生的跨文化意识和语言运用能力。教师在课堂实践中设置了购物、就医、乘坐交通工具等多个生活化情景，并鼓励学生进行角色扮演。教师还引入了不同饮食文化、节日习俗等跨文化内容，激发学生的学习兴趣。问卷调查结果显示，86.4%的学生表示通过情景模拟活动能更好地理解并运用课本知识，92.1%的学生认为跨文化知识学习增强了他们的文化理解能力和包容性。此外，教师还通过小组合作学习、同伴互助等方式，优化学生的语言输出环节，将学生分成 4 至 5 人的小组，布置简单的话题讨论或表演任务，营造轻松愉悦的语言运用氛围。访谈中，有学生表示：“我原本很害怕说英语，但在小组活动中，大家互相鼓励、帮助，慢慢地我变得自信多了。”小组合作有助于缓解学生的语言焦虑，调动学生语言运用的主动性。

此外，实验班级的教师还引入了语篇阅读和分层教学方式。教师选取 1～2 篇语篇材料，引导学生借助语境线索理解语篇大意，提炼文化要点。针对不同语言水平的学生，教师设计了“基础”“提高”两个不同层次的语篇阅读任务。提高层次的学生阅读理解正确率达到了 91.5%，基础层次学生的正确率为 78.2%，与提高层次的学生有一定差距。语篇阅读活动提高了学生的语言理解能力，使学生在语境中感悟文化内涵。

综上所述，浸入式教学策略能够有效提升小学生的跨文化交际能力。案例实践表明，生活化情景模拟、跨文化知识引入、小组合作学习以及语篇阅读教学等策略的综合运用，激发了学生的学习兴趣，培养了语言运用能力和文化理解能力。未来的小学英语教学应进一步深化浸入式理念，以促进学生的全面发展。

六、结论

我国小学英语教学中跨文化意识的培养策略还需进一步探索与创新。国内研究者结合中国教育背景提出了许多具有借鉴意义的策略，如注重学生跨文化学习的自主性培养、提升教师自身的跨文化素养、优化教科书中的跨文化内容呈现方式等。这些策略对于小学英语教学中的跨文化意识培养具有指导意义。但在具体实践过程中，教师仍面临诸多挑战。比如，小学生的认知水平和抽象思维能力有限，对跨文化知识的理解和内化存在一定难度。教师需要根据学生的实际情况，精心设计教学内容和活动，增加学生的参与度和兴趣。

总而言之，小学英语教学中的跨文化意识培养是一个系统工程，需要教师、学生、学校、家长等多方协同努力。教师要不断更新教学理念，提高专业素养，优化教学设计，注重学生个体差异，激发学生的学习兴趣。学校要为跨文化教学创造良好环境，提供必要的资源支持。家长要树立开放、包容的跨文化意识，引导孩子尊重文化差异。只有各方形成合力，才能推动跨文化教学在小学英语课堂落地生根，帮助学生构建跨文化交际能力，为其未来发展奠定坚实基础。

美国小学浸入式语言教学策略

一、绪论

近年来，二语习得领域掀起了一股浸入式教学的热潮。浸入式教学旨在为学生创造一个身临其境的语言环境，让他们能够在目标语言环境中学习学科知识。在任何浸入式课堂中，语言知识和学科知识都同样重要，教师要采用高效的教学策略，以达到最佳教学效果。

选择美国小学浸入式语言教学作为研究对象，主要基于以下几个原因。首先，美国的浸入式语言教学发展较为成熟，从 20 世纪 60 年代以来逐渐兴起，至今已积累了丰富的教学经验，取得了丰富的实践成果。尤其是在小学阶段，浸入式语言项目多样化发展，涵盖汉语、西班牙语、葡萄牙语等多种语言。这些项目可以帮助我们深入了解如何设计和实施有效的双语教学策略。其次，美国社会的多元文化背景为浸入式语言教学提供了天然的土壤。在这样的环境中，学生有机会在真实的、多文化的语言环境中学习第二语言，这极大地促进了学生的语言习得效果。同时，这些项目不仅重视语言的教学，还注重培养学生的跨文化理解和沟通能力。通过研究美国小学浸入式项目的设计与实施，我们可以更好地理解如何在多语言、多文化环境中进行有效的教育融合，为全球范围内的双语教育者提供有益借鉴。

本文将介绍美国小学浸入式语言教学的模式及发展历程，深入分析美国小学广泛应用的浸入式语言教学策略，并结合具体教学实例，展示这些策略的实际效果和应用场景。希望本文的研究与探讨能为国内外其他浸入式项目的设计和实施提供参考，并推动全球语言教育的发展和交流。

二、教学策略

（一）制定浸入式课堂的学习目标

在美国小学浸入式教学中，为每个科目制定学习目标是必不可少的环节。杜肯大学的两位教授莫斯（Moss）和布鲁克哈特（Brookhart）曾指出，制定学习目标不是指使用通常的课程目标，而是教师在对整个单元进行分析整合后，用“我可以……”的文字表述来展示学习内容。学习目标是对学生来说可以理解的描述，通过文字、图片、动作或三者的某种组合形成教师希望学生在给定的课程中学习或完成的内容。

在具体设计学习目标时，教师需要针对学生在课堂上将要学习的内容，以一节课为单位来呈现。在呈现和展示学习目标的同时，教师应注意要用学生可以理解的方式，增强学生的自主性和责任感，帮助学生理解他们应该在课程中学习什么，然后师生一起努力达到学习目标。当教师为今天的课程设计了正确的学习目标，并与学生一起用学习目标来指导和评估学习成果时，就是最有效的教学和最有意义的学习。

由于美国小学浸入式教学模式都有用目标语言来教授其他学科的任务，在制定一节课的学习目标时，教师往往会将学习目标分为内容目标和语言目标两大类，然后对本节课的目标逐一进行细致的描述。内容目标告诉学生在课程中将学到什么，例如："我知道什么是卵、毛毛虫和茧""我知道蝴蝶一生的变化"等。语言目标说明学生将如何通过阅读、口语、写作或听力来学习或展示他们对课程的掌握程度，如"我可以用'……变成……'来说出蝴蝶一生的变化"。

如果学生不知道该学什么，也不知道该怎么学，那么他们有可能将学无所获。课堂中明确内容目标和语言目标，有助于学生对学习内容有更清晰的规划，从而提升学习质量。此外，内容和语言目标必须是可观察且可以衡量的，教师或观课者应该能够看到学生为实现目标而作出的努力，也应该能够确定学生是否已经达到每个目标或在不断进步。图 1 给出了内容目标和语言目标的划分标准及用于描述目标具体内容的核心词汇：

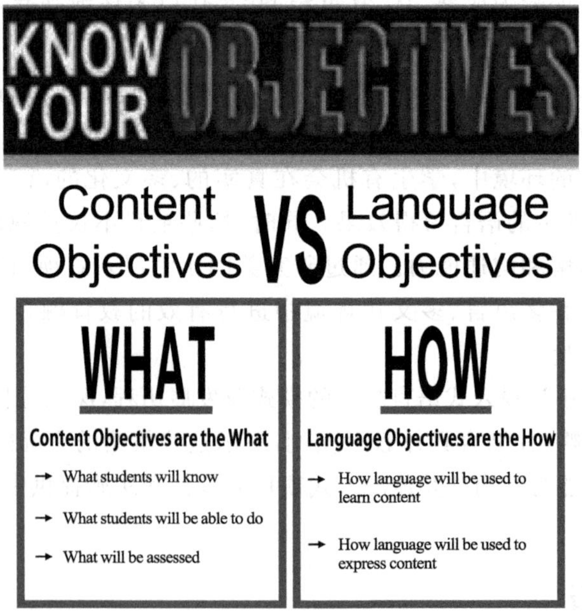

Verbs for Writing Content and Language Objectives

Verbs for Content Objectives	**Verbs for Languase Objectives**
Identity	Listen for
Solve	Retell
Investigate	Define
Distinguish	Find the main idea
Hypothesize	Compare
Create	Summarize
Select	Rehearse
Draw conclusions about	Persuade
	Write

图 1　内容目标和语言目标的划分及描述

综上所述，在制定内容目标和语言目标时，教师应遵循以下原则：

- 目标是可观察的。
- 目标以学生可以理解的语言编写和呈现。
- 内容目标与课程的关键概念相关。
- 语言目标要促进学生的学术语言发展。
- 语言目标与课程主题或课程活动有明确的联系。
- 教师应有一个具体的计划来评估学生在实现目标方面的进展情况。

（二）平衡教学法

浸入式教学开始于20世纪60年代，研究者们设想学生只要在一天的大部分时间里接触目标语言，并用目标语言学习自然科学和社会科学等知识，学生就能够像母语者一样运用目标语言。麦吉尔大学教授莱斯特（Lyster）和明尼苏达大学教授泰迪克（Tedick）在2014年进行的一项研究表明，语言不是自然习得的，教师不能抛开语言学习目标，期待学生自己摸索学习。

平衡教学法被认为是一种积极的教学策略，它遵循观察、提醒、指导练习和自主练习的教学活动顺序。例如，让学生画出知识重点、高频语言点是观察活动的常用方法；提醒活动包括让学生辨别语言结构，识别和发现语法规则；指导练习是让学生在设定的语言环境下进行语言练习；自主练习则鼓励学生独立使用语言，并把所学内容付诸实践。

正如莱斯特所认为的那样，平衡教学法在加拿大的法语浸入式教学中效果显著，研究表明，运用平衡教学法，学生目标语输出的准确性明显提高。莱斯特认为，教师应平衡基于内容的教学和以语言为中心的教学，以便在整个教学过程中为学生提供不同的机会来学习和运用语言。莱斯特还强调，平衡教学法不是脱离语境单独进行语法练习，或只偏重内容学习而忽略语言结构的学习，而是旨在找到一个平衡点，系统地整合语言教学和学科教学。

（三）可理解性输入教学法

可理解性输入教学法（Teaching with Comprehensible Input，简称TCI），是基于美国语言学家克拉申的可理解性输入假说而形成的一系列语言习得方法、技巧和策略。TCI既有科学理论支撑，又有系统的课堂实操策略，在近些年成为美国外语课堂教学的主流，也逐渐在加拿大和欧洲流行起来。

TCI的核心理念是优先用目标语言来传递可理解的和令人信服的信息。根据克拉申的可理解性输入假说，当人们真正理解所听到的和读到的内容时，就会自然习得语言。换句话说，学习语言不需要刻意记忆词汇或语法规则。随着不断接收容易理解的输入（听得懂的口语内容或看得懂的书面语言），学生会逐渐获得语法知识（形成正确的语感），积累大量词汇。语言习得是一个过程，需要不断重复才能掌握和内化新单词、新的语法结构。由于每个人的语言习得速度不尽相同，克拉申提出了“i+1”的观点，即应该提供略高于学生当前习得水平的输入。

为了提供大量的可理解性输入，践行可理解性输入教学法，美国外语教学委员会(ACTFL)在2011年发布声明，指出应在至少90%的时间里用目标语言进行教学。如果要实现这一点，教师必须首先了解学生当前的语言水平(ACTFL的CAN-Do Descriptors是了解学生可以用英语做什么和表达什么的宝贵工具)，然后需要了解学生正在努力达到的语言水平。为了提供可理解性输入，教师不仅要关注内容知识，还要关注阅读、写作、口语和听力领域的语言能力，从而全面帮助学生理解输入的内容及语言。

在美国小学浸入式语言教学中，TCI的运用主要体现在如下方面：

· 调整教学语言——教师在教学中尽可能使用不太复杂的词汇，限制使用成语并避免应用在句子中。教师的发音要清晰，语速要慢，这对于语言初学者来说尤为重要。

· 视觉和图形支持——教师尽可能地在课堂中展示照片、视频，或使用图形及实物作为教学辅助，比如制作词语墙。学生仅靠听力和阅读文字来接收学习内容，学习效率通常较低。视觉和图形支持会帮助学生提高整体学习能力。

· 目标驱动和分块教学——有清楚的目标就更容易付诸行动。教师在课前列出内容目标和学习目标，并在教学过程中经常回顾这些目标，基于目标对知识进行“分块”，让学生充分消化语言和内容知识。

(四)启发语言输出教学法

启发教学是美国浸入式语言教师常用的教学方法，它可以帮助教师了解学生对知识的掌握情况。启发语言输出教学法可被视为一种检测工具，帮助教师在不必重复教学内容的前提下很快了解学生的学习需求。启发语言输出教学法可以打造以学生为中心的语言课堂，扩展学习话题，鼓励学生与同学分享所学知识。教师可以从语言知识、背景知识、观点、感觉、问题和回答等方面对学生进行启发。

启发语言输出教学法可以提高学生语言运用的流利度、准确度和复杂度。例如，教师如果仅提问可以用“是”和“不是”来回答的问题，学生的语言水平将一直停留在原地。教师应仔细考虑如何展开问题，设置提示来引导学生进入高层次的语言输出阶段。在美国浸入式课堂中，教师常用5W启发学生回答问题，即何人(Who)、何事(What)、何时(When)、何地(Where)和为何(Why)，这会帮助学生提高语言输出能力。

启发语言输出教学法也鼓励学生自我表达或自发使用目标语言。学生知道自己可以用目标语言回答问题，即使是用简单的词或用肢体语言来辅助。这需要教师为学生提供大量的视觉材料以及可循环利用的句型。随着学生自信心逐渐增强，教师应鼓励学生将所学语言和学科知识相结合后进行语言输出，这样，学生的语言水平就开始从初级向中级过渡。

美国小学浸入式语言课堂侧重语言的语用目的，即语言的三种交际或沟通模式(见图2)，这些交际或沟通模式提供了听、说、读、写4种技能的语言表现组织原则。

在一个浸入式课堂里，教师应帮助学生发展语言沟通技能、理解诠释技能和表达演示技能。教师要围绕这些技能开展教学和练习，为学生提供更多的语言输出机会，使学生不断提升语言水平。

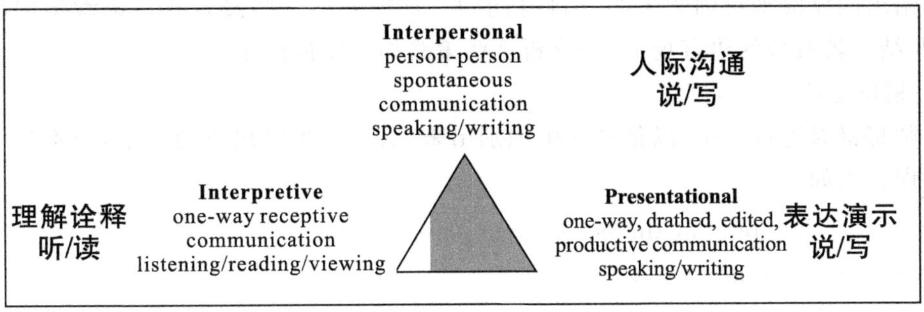

图 2　语言交际/沟通模式

(五)增强阅读的可理解性

美国浸入式教学强调差异化教学策略的重要性,这也体现在阅读教学中。教师首先需要测试学生的阅读水平,然后因材施教。测试的方法是选择接近学生水平的阅读材料并分发给学生,教师组织学生讨论,通过提问获知学生的识字阅读水平。教师可以随时根据学生的反馈来调整阅读材料的难易程度。选择阅读材料时,除了要考虑文章的难易程度,还要兼顾阅读材料的成熟度,即阅读材料是否能达到学生的年龄认知水平,同时要尽可能选择学生感兴趣的话题。教师一般在开学之初对学生的阅读兴趣进行调查,然后根据学生喜好选择阅读材料,以此来提高学生阅读的积极性。

指导性阅读是美国浸入式小学课堂上的常用教学方法,也被称为分级阅读。教师会将学生分组,通常同一组的学生阅读的内容相同。教师选择略高于学生水平的分级读物,为学生制定阅读方案,在阅读的过程中进行指导。在这一系列过程中,学生是阅读的主体。指导性阅读一般由 3 个阶段组成:

· 阅读前——在学生开始阅读之前,教师先介绍背景知识,激发学生的阅读兴趣。教师可引导学生对故事进行预测,比如让学生根据故事的封面或标题猜想故事主题。

· 阅读中——教师让学生带着阅读前的猜想进行阅读,寻找故事线索,遇到学过的字词要能想到它的意义,遇到生词要联系上下文进行推断。教师根据阅读内容,有目的地设置一些问题,帮助学生更好地理解文章。

· 阅读后——学生要能理解故事的意义,用 5W 来复述故事;在阅读过程中遇到的不明白的地方,可以往回阅读或者向教师求助。与此同时,教师通过提问、书写、画画的方式检验学生的阅读效果。

(六)建立积极且有意义的教学反馈系统

在语言教学特别是浸入式语言教学中,教师给出什么样的反馈以及如何提供反馈是需要着重思考的问题,反馈不当可能会无意中使一个学生变得害怕犯错,非常不利于语言学习。教学反馈如果使用得当,将是非常强大的教学工具。下文将从口语教学、写作教学及听力阅读教学 3 个方面,来分析美国小学的浸入式语言教师如何建立积极且有意义的教学反馈系统。

1. 在口语教学活动中提供有意义的语言反馈

在浸入式课堂中,大部分教学活动会以口语生产的形式进行。理想情况下,教师会期望用给出的反馈来帮助学生纠正自身问题。这里列出一些浸入式口语教学中的反馈策略，并结合较典型的语言场景，来分析这些策略如何发挥作用。

▶ 精确定位

教师将错误进行定位，以帮助学生识别出来，引导学生给出正确答案，而不是明确地纠正错误。例如：

Student: I'm going at the bookstore. Instructor: I'm going ... Student: I'm going to the bookstore.

▶ 提示

若学生在回答问题时无法找到合适的表达，教师要适当给予提示。例如：

Instructor: When is your interview? Student: My interview is at, um... Instructor: On Thursday? Friday? Student: Oh, my interview is on Monday.

▶ 提供示例答案

教师也可以为努力进行语言输出的学生提供示例答案。例如：

教师：星期六晚上你去哪儿了？ 学生：我，哦，嗯，我…… 教师：星期六我去了杂货店。你去哪儿了？ 学生：我去了书店。

▶ 改写

当学生完全误解问题时，教师可使用正确答案选项重新表述问题。例如：

教师：六月你要去哪里？ 学生：我 6 号去。 教师：哦，好的，但是你要去哪里？英国？法国？ 学生：我要去丹麦。

通过适当的反馈，学生能够及时认识到并纠正自己的问题，并且在结对或小组活动中，学生也能够以类似的方式帮助其他同学，更多地参与语言学习。

2. 在写作教学活动中提供有意义的语言反馈

由于大部分书面作业无法当堂完成，写作教学活动中的语言反馈往往需要在课外进行。教师也需要提供有意义的反馈来帮助学生理解他们的书面作业出了什么问题，以及需要做些什么来纠正错误。仅仅是简单地在学生的作业上写下更正的内容是行不通的，因为实际经验表明，很多学生往往不会仔细阅读教师给出的反馈，只是进行机械的修改，不会深入思考为什么会犯错，以及如何避免犯相同或相似的错误。针对书面作业的反馈，教师可使用反馈代码表。这种编码系统能够减轻教师的反馈工作量，也能帮助学生了解自己犯了什么类型的错误，以及在哪里犯了错误，从而加深学生对错误的印象，以避免在日后重复犯错。

在文章中提出问题也是一个有效的反馈策略，可以鼓励学生扩展所写的内容或重新思考他们写文章的方式。这一策略可以是要求使用更多形容词，通过长句表达更多信息，或者使用更复杂（更成熟或更自然）的句子结构。

对于学生的错误或者学生无法达到的要求，教师可以帮助学生以更简单的形式表达相同的观点，或者直接为他们进行更正。当学生需要使用超出其水平的语言技巧时，后者尤其合适。

当然，在教学实践中，教师也可以与学生一起完成写作任务，并通过讨论对学生的书面作业进行口头反馈。这样一对一的个性化反馈非常有利于提高学生的写作水平。

3. 在阅读和听力教学活动中提供有意义的语言反馈

教育学者普遍认为阅读和听力活动遵循相同的学习过程，从本质上讲，大多数阅读和听力作业都会产生书面或口头语言输出，都是以回答问题的方式来展示对文本的理解。因此，前文所讲述的许多为口头和书面活动提供反馈的策略，在阅读和听力教学活动中同样适用，但需要注意的是，教师要重点关注学生对书面和听力文本的理解，而不需要特别关注学生在表达自己的理解时所运用的语言的准确性。因此，反馈的主要目的是帮助学生（或者让学生互相帮助）学习如何使用特定的词、短语及语法结构，并学习如何在阅读（或倾听）时，理解较难的文本。

四、小结

浸入式语言教学包括语言内容和学科内容。与常规外语课堂不同，浸入式环境提供了更多教授学生口语和学术语言的机会。在美国小学浸入式项目中，教师会先清楚地了解教学内容，制定相应的学科和语言教学目标，运用可理解性输入教学法，将学生熟悉的语言与新的词汇和信息融合在一起，帮助学生不断提高语言能力。在课堂教学中，教师尽可能使用实物展示、视觉支持、肢体语言等策略来表达意义，帮助学生更好地理解教学内容。此外，美国小学浸入式教师常通过有技巧的提问和形成性评估来检测学生的理解程度，不断提醒学生在师生、生生互动中使用新词和新的表达方式，引导学生使用较复杂的语言结构，鼓励学生输出更长、更多样化的目标语。这些策略和方法，对于我国浸入式教学的开展也具有宝贵的借鉴意义。

下　编

英语浸入式各学科教学策略

英语浸入式综合课程教学策略的研究与实践

一、什么是英语浸入式综合课程？

中加美教学合作项目开展的英语浸入式教学研究在小学阶段已有众多实验学校，各个实验学校在一二年级均开设小学英语浸入式综合课程，该综合课程教科书共分为4册，分别为1A、1B、2A、2B，每册书计划用一个学期讲完。每册综合用书都包括学生用书和教师用书。小学英语浸入式综合课程主要采用单元活动的方式，以学生的学习、生活及社会自然环境为主题线索，融合英语、道德与法治、体育、音乐、美术、信息技术、科学等多门学科的知识和技能。

二、英语浸入式综合课程教学策略的研究意义

小学是英语学习的入门阶段。小学生的特点是好奇心强、模仿性强、活泼好动、有意注意持续时间较短。语言学习本身是较为单调和枯燥的，而使用单一方法教学容易使学生失去兴趣，降低学习热情，直接影响学习效果。英语浸入式教学的内容丰富多样，利于学生产生学习兴趣，教师也要采取多种策略，让学生在形式多样的教学过程中始终处于积极活跃的状态。

三、英语浸入式综合课程中的教学策略

小学英语浸入式综合课程的教学策略既包含小学英语教学策略，又包含学科教学策略。英语浸入式教学策略是小学浸入式教学设计的有机组成部分，是在一定的教育学、心理学和语言教学理论的指导下，在特定的教学情境和文化背景中，为完成小学英语教学目标和学科教学目标、适应小学生学习的需要而作出的教学谋划和采取的教学措施。它是一个运筹、决断、施教、观察、分析和评估的过程，是教师自主地、能动地将理论运用于实践并从实践中检验理论的环节。

四、课堂教学中教学策略的应用

在英语新课标理念和学科教学理念指导下，怎样合理使用教学策略有效地开展教学，是所有浸入式教师必须思考的问题。笔者根据所查阅的资料和实际教学经验，对英语浸入式综合课程的教学策略进行了如下分类，以期为同仁提供有益的参考。

(一)课堂管理策略

1. 教学目标设定

英语浸入式教学基于3C理论框架。3C分别是指内容(Content)、交际(Communication)和文化(Culture),内容具体指学习的主题,交际指语言的学习与运用,文化指培养跨文化交际意识和全球化公民意识。在英语浸入式教学中,教学目标一般设定为内容目标、语言目标和情感态度价值观目标。这是儿童语言学习与认知内容相结合的学习过程,在这个过程中,认知与人际能力伴随语言一起发展。

例如,《英语浸入式综合课程(1A)》第一单元"Go to School"一课的内容目标为:(1)知道自己是小学生,能按时起床,学会自己洗脸、刷牙、吃早饭;(2)学会用礼貌用语与老师、同学和家长打招呼或告别;(3)认识常用文具和各个课本的名称;(4)能够随全班或小组一同朗诵儿歌《文具盒里有什么》;(5)会唱歌曲《早上好》;(6)感受物品的色彩。该课的语言目标为:(1)掌握问候语(Good Morning, boys and girls. Good morning Miss Li! Class is about to begin.);(2)掌握告别语(Good-bye boys and girls. Good-bye, Miss Li! Class is over.);(3)掌握有关时间的表达(What time is it now? It's seven o'clock in the morning. It's half past seven. It's time to go to school.);(4)掌握有关洗漱的表达(He is brushing his teeth. He is washing his face. He is combing his hair. What is the little boy doing?);(5)掌握有关文具的表达(This is a new schoolbag. What's in the schoolbag? This is a book. What's in the pencil-box? Show me your pen. Now put your books in your schoolbags.)。该课的情感态度价值观目标为:认识新的老师和同学,融入新的集体生活,适应学校环境。

2. 学生活动设计

英语浸入式教学并不仅仅是让学生学英语,而是用英语学习学科内容,那么在课堂活动的组织上就对教师提出了很高的要求。在传统英语课堂中,静态的教学形式居多,学生主动使用英语的机会少,而英语浸入式的课堂教学多以活动为主。通过阅读课程教师用书,实验教师会发现教学过程中每一个环节都明确划分为个人活动、同桌活动、四人小组活动和全班活动,分别用IA(Individual Activity)、PA(Pair Activity)、GA(Group Activity)和CA(Class Activity)表示,这一系列课堂教学活动的设计,对教师尤其是新教师的教学有很大指导作用。

3. 课堂座位设置

加拿大法语浸入式教学开始于1965年,在幼儿园至高中阶段取得了出人意料的效果,该教学模式作为第二语言教学的典范,先后被美国、澳大利亚、新加坡、荷兰等多个国家借鉴。浸入式教学在促进学科融合、打破学科壁垒方面起到了很好地推进作用。本教学合作项目的英语浸入式教学的课堂具有鲜明的特色,座位的排放具有开放性,实验教师可根据课堂教学的内容进行调整。座位安排不仅关系到课堂秩序的维持,还关系到师生、生生之间的互动交流。因此，改变一成不变的座位摆放形式可为增加课堂的多种交互模式创造条件(见图 1)。

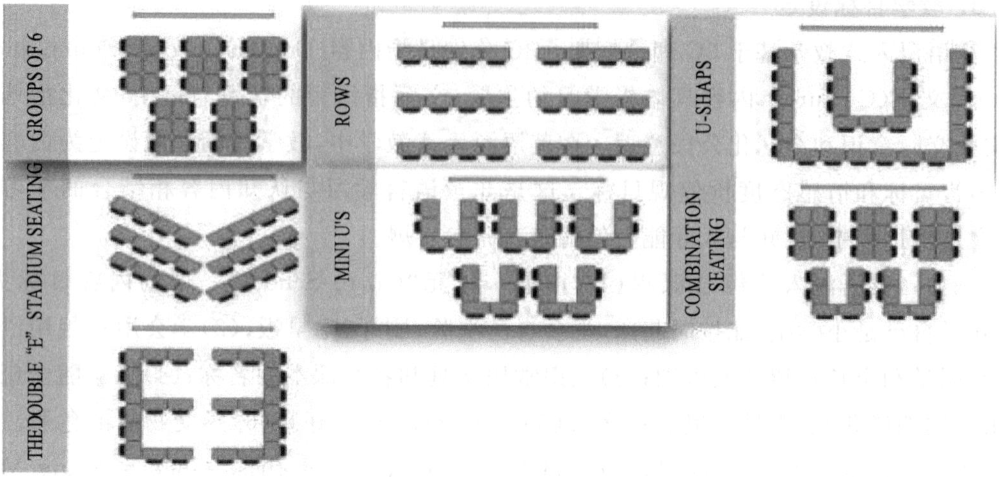

图 1　英语浸入式课堂中常见的座位摆放形式

(二)讲授策略

1. 突出重难点

当教材内容的组织具有从直观到抽象的特点且以直观启发为主时,教师应采取"观察—理解—操作—概括"的策略;当教材内容的组织是从已知到未知时,教师应采取"自学—讨论—发现"的策略;当教材内容的组织具有从范例到一般的特点且以范例启发为主时,教师应采取"示范—理解—运用"的策略。

2. 重视语言操练的意义

从掌握语言的规律来看,英语操练一般要遵循"仿说—机械性操练—意义性操练—交际性操练—综合运用(真实的交际)"的规律,其形式也要根据具体的内容和学生的实际情况作适当的变化。从学生的认知水平来看,练习要分层次,以使各个层次的学生在原有的基础上都能得到提高,并尽量保证能够当堂巩固所学内容。课外作业不但要控制量,而且要分层布置。与传统教学模式相比,英语浸入式教学的不同之处在于这样的操练不是乏味、枯燥的,而是在有意义的语境中进行的,教师要为学生提供多样的练习环境,以达到举一反三、事半功倍的效果。

3. 纠错与反馈

在浸入式教学课堂中,教师要及时对学生理解内容的情况给出反馈,要以敏锐、果断的态度处理学生的反馈信息。刚接触浸入式教学模式或者小学低段的学生,使用英语时经常会出现语病,当面对学生大量的语病时,传统教学模式下教师的常见做法是直接指出语法错误,并立即纠正。而在浸入式英语课堂中,教师往往首先肯定学生回答问题的积极态度和内容,然后说出正确的句子并引导学生进行复述。浸入式教学要求教师能更加包容学生所犯的语言方面的错误。

(三)提问策略

1. 思维品质的重要性

语言与思维的关系十分密切。学习和使用语言要借助于思维,但也能够进一步促进思维的发展。《普通高中英语课程标准(2017 年版 2020 年修订)》提出了英语学科核心素养,对学生思维品质的发展提出了重要的要求。作为核心素养的思维品质既不同于一般意义的思维能力,又不同于语言能力中的理解能力和表达能力,它是指人的思维个性特征,反映人在思维的逻辑性、批判性、创造性等方面所表现出的水平和特点,与英语学习紧密相关。

2. 布鲁姆教育目标分类法

教育目标分类法是 20 世纪 50 年代以布鲁姆为代表的美国心理学家提出的。在这个理论体系中,布鲁姆等人将教学活动所要实现的整体目标分为认知、情感、心理运动三大领域,并从实现各个领域的最终目标出发,确定了一系列目标序列。布鲁姆将认知领域的目标分为识记、理解、运用、分析、综合和评价六层次(见图 2)。

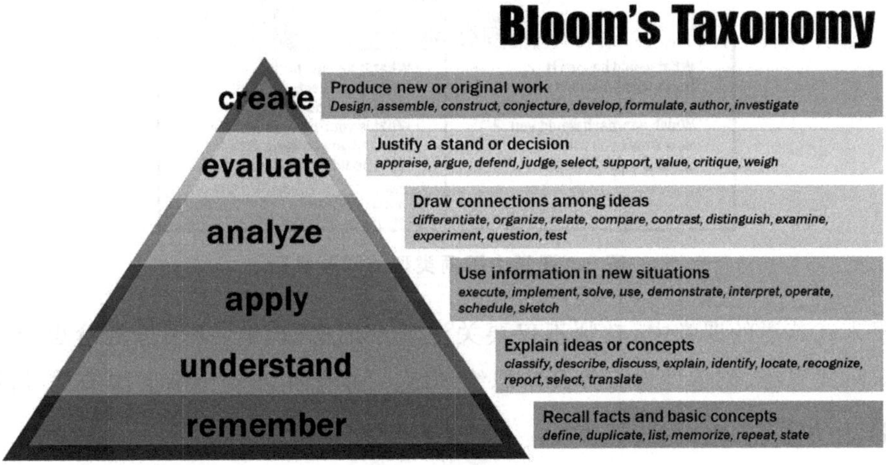

图 2 布鲁姆教育目标分类法

根据布鲁姆教育目标分类法并结合教学实际,课堂教学中的问题引导可分为以下类型(见图 3)。

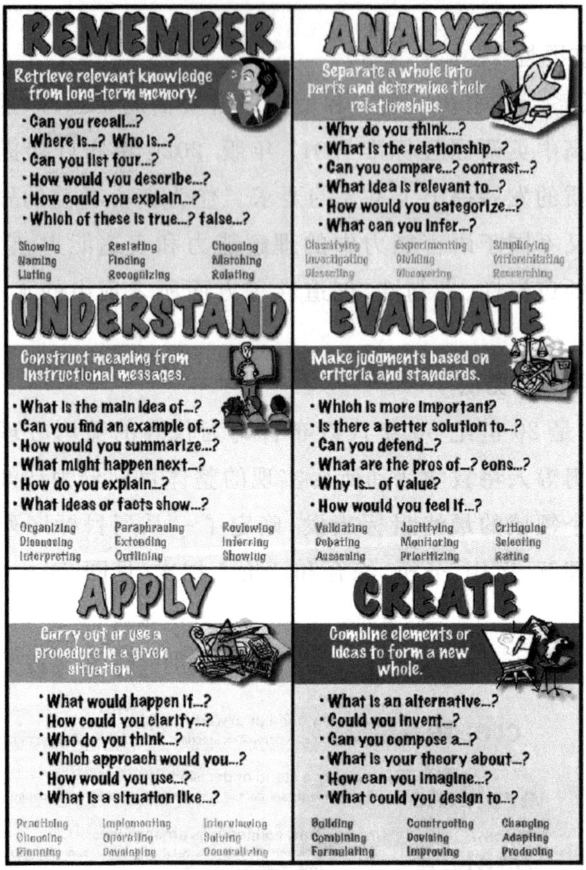

图 3　课堂中不同类型的问题引导

在浸入式英语的课堂中，教师不仅要关注学生记忆、理解、应用等低阶思维，还应重点关注审辨式思维、创造性思维等高阶思维训练，帮助学生实现更高层次的学习目标。

(四)活动策略

1. 利用教材主题，活化教材语言

活化教材具体包括三方面内容：(1)把文字活化为话语；(2)把教材内容活化为实际生活；(3)把教学活化为交际。小学英语教材中的语言多以对话的形式出现，这种对话是生活交际语言经过加工的记录，它承载着语音、语法、词义、语用、文化、表情等多方面的含义。英语教学就是要把这些语言借助教师或其他媒体，根据学生的学习和生活实际活化为有声有色的话语，如通过进行角色扮演的活动，让学生学会用英语打招呼、相互介绍自己的情况等，从而让学生接受并内化新的语言。在这一点上，国家英语课程教学策略同样适用于浸入式英语课堂。

2. 利用全身反应法，提高课堂积极性

全身反应法是美国心理学家阿歇尔在 20 世纪 60 年代后期创立的一种外语教学法，这种方法是通过语言与行为的协调来教语言，旨在培养学习者的听说能力。小学生通常较为活泼，容易对教师或周围的同学发出命令和对命令作出反应。通过“听—做动作”的身体反应来组织教学可充分调动小学生的视觉、听觉、触觉、运动觉等，让学生在“听听、做做”的轻松氛围中接触语言、理解语言，激发学生学习的积极性。

由于浸入式英语课堂是全英文教学，教师需要为学生提供大量的可理解性输入，只有达到一定量的可理解性输入，学生才会有语言的输出。因此，全身反应法适用于浸入式英语课堂，尤其对于刚刚进入小学、第一次接触英语的学生来说，“听听、做做”的方式可以帮助其消除紧张感、快速融入课堂氛围。例如，在学生刚刚开始接触英语时，实验教师可以从走进教室起就以全身反应法开始英语课，问好、打招呼均配以相应的动作，使用课堂指令语言“Stand up”“Sit down”等，并利用肢体语言帮助学生理解语言。

阿歇尔认为外语学习应该类似于儿童的母语学习，首先要培养听的能力，随着时间的推移，说、读、写的能力便可以自然呈现出来。全身反应法的教学过程一般为：(1)教师边说指令句边做动作，学生只听不做，明白句子意思即可；(2)教师说命令句，学生听懂并按照理解的意思做动作；(3)一段时间后，学生一边说命令句，一边做动作；(4)教师的命令句形式可以适当变化，或将命令句的长度延长，或替换句子中的单词，以检查学生是否真正理解句子含义。

3. 利用真实语境，创造活动条件

语言活动需要具体的情境。要使英语情境具有真实感，教师应充分利用课堂内外的人、地、物真实地反映学生的状况，这种活动是带有真实任务的活动，能极大地激发学生的学习积极性，学生的各项能力在活动中也能得到培养。例如，在讲授《小学英语浸入式综合课程(1A)》中关于交通安全的内容时，教师可利用现代化手段，高度还原学校周边的环境，从实际出发设计情境，帮助学生了解“红灯停，绿灯行”的常识。

4. 利用多种激励手段，提升课堂效果

有活力的课堂往往要用激励措施来维持。小学生的注意力持续时间有限，但具有表现欲强的特点，采用适当的激励措施(如班级竞赛、物质奖励、精神鼓励等)都可以很好地维持学生参与活动的热情。

奖励如同一把双刃剑。奖励不能成为学生行动的内驱，如果学生的行为只是为了得到奖励，就会出现“没奖励不行动”的问题。但若用好了这把剑，奖励就可以成为学生进步的动力。奖励不局限于物质奖励。比如，在英语与美术相融合的课堂中，教师可帮助学生设计学生自己喜欢的奖励卡，鼓励学生提出自己的愿望或设想，这样便充分将课堂教学与学生实际生活相结合，更好地实现了语言输出。再比如，某实验学校开展的“献礼建党百年　世界‘英’我精彩”系列活动贯穿整个学期，包括英文配音、课文背诵、美文诵读、话剧表演、英文演讲等活动，通过用积分兑换礼品的方式，调动了学生学习的积极性。学校的英语教学不仅注重结果，还注重过程性的评价。图 4 为其中一项活动的评价表：

图 4　浸入式英语教学活动评价表(例)

(五)学法指导策略

1. 了解学情,因材施教

学习策略是灵活多样的,策略的使用因人、因时、因事而异。学生所采用的学习方法与他们的学习目的、学习态度、学习情感、学习意志及个性特征密切相关。因此,进行学法指导,首先要研究学生的学情,只有将学法指导和学情研究结合起来,才能收到预期的效果。学生的学情问题是复杂的,它与学生身心的各个方面都有着密切的关系。教师只有将学生的学情研究透彻,才能有的放矢地进行学法指导。

浸入式英语教学的常用办法是小组合作。在传统课堂教学中,学生常以“配角”的形式存在,学生间的沟通交流较少。这样的课堂模式难以使学生积极、主动地使用语言,不利于语言学习。小组合作学习能够增加知识储备量,是提升学生英语学习能力的有效学习策略。在小组合作学习中,教师常会根据学生不同的学习能力将学习任务分工。图 5 是可以借鉴的例子:

图 5　英语浸入式课堂小组合作学习中的角色分工(例)

2. 唤醒内驱,兴趣当先

内驱力的唤醒需要长时间的铺垫,在这一过程中,教师要密切关注压力的产生。压力可分为三类:(1)**正向压力**利于儿童的成长,让他们具备承担风险的能力,从而表现得更出色。(2)**可承受压力**如果在相对短暂的时间里出现在儿童身上,也可以增强儿童的韧性,关键在于成年人要随时提供支持,而且儿童必须有足够的时间来应对压力与恢复元气。(3)**毒性压力**被定义为在缺乏支持的情况下,儿童频繁或长期性应激。大脑中有 3 个重要的结构能够帮助调节压力和控制冲动:前额皮质、杏仁核和海马体。当正向的压力产生时,大脑中的前额皮质与海马体开始进行有效而积极的学习活动;但是当毒性压力产生时,大脑中的杏仁核将起主导作用,使人变得更有防御性、更被动、更呆板,有时还会产生侵略性。所以,要唤醒学生学习的内驱力,教师应在课堂教学中让学生产生正向压力,将课堂氛围与教学内容有效结合并升华,从而让学生(尤其是低段的初级英语学习者)处于快乐、积极的学习氛围中,将英语知识与日常生活相结合,通过完全浸入的方式使学生自然习得语言。

在课堂教学中,学生的积极性难以捉摸,英语教学大多是运用外部动机刺激学生,进而提升学习积极性,但是外部动机产生的积极性往往是短暂的。所以在英语浸入式教学中,教师要探索更好的教学方法,让学生在课中与课后都能保持正确的学习心态,在小组学习中产生自主性,在老师与同学的互助中提高胜任力与归属感,使学生产生正向压力,发展内驱力。

英语学习方法指导的根本目的是让学生在学习英语知识的同时掌握学习知识的方法,以便在今后的学习中自觉地运用这种方法来获取知识。因此,教师必须使学生树立学习中的主体意识,通过制订简单的英语学习计划、设计学习活动来鼓励学生与他人合作完成某一学习任务，使学生认识到自己是英语教学过程中的主要方面，是学习的主人，在学习过程中要自主明确学习目标、激发求知欲望、保持学习兴趣、调节学习行为与策略，逐渐形成良好的英语学习习惯和学习能力。

例如，为了让英语学习更贴近学生的日常生活，教师可用英文拍摄自己的日常生活供学生参考与学习，学生也可以模仿教师的视频拍摄自己的英文短视频，这便将英语学习从课堂上延伸到生活中，提高学生的学习积极性，真正实现学以致用，促进学生学习内驱力的发展。

3. 掌握规律，优化策略

语言学家维果茨基的研究表明，教育对儿童的发展能起到主导作用和促进作用，但需要确定儿童发展的两种水平：一种是已经达到的发展水平；另一种是儿童可能达到的发展水平，表现为儿童在成人的帮助下或在集体活动中通过模仿能够完成某些任务。这两种水平之间的距离，就是“最近发展区”。也就是说，“最近发展区”是儿童在有指导的情况下，借助他人帮助所能达到的解决问题的水平与独自解决问题所达到的水平之间的差异，实际上是两个邻近发展阶段之间的过渡阶段。把握“最近发展区”便能促进学生的发展。

对小学生进行学习策略指导，必须要掌握他们的认知规律。一般说来，小学生的语言认知规律是“直接感知—表象—概念—概念系统”。小学低年级学生的思维以形象思维为主，中高年级学生的思维处于由形象思维向抽象思维过渡的中间状态。因此，对小学生进行英语学法指导时，教师应注意让学生从丰富的感性材料出发，通过各种直观的教学使学生理解学习内容，进而引导学生对所接触的语言现象进行分析、比较、归纳，总结出语言学习的规律。

例如，在一年级教授“Animals Grow and Change”一课时，为使学生了解青蛙的发育过程，教师可层层引导学生，首先猜测青蛙的宝宝是什么，然后通过视频和标本观察蝌蚪到青蛙的变化规律，让学生对青蛙的生长变化有所感知。接着，教师利用全身反应法，带领全班一起模拟蝌蚪到青蛙的变化过程，从而形成“life cycle”（生命周期）的感念。最后，学生可以小组为单位，上讲台讲述或演绎青蛙的生命周期。

4. 浸入学习，激活实操

任务型教学（task-based language teaching）是指教师通过引导语言学习者在课堂上完成任务来进行的教学。这是 20 世纪 80 年代兴起的一种强调“在做中学”（learning by doing）的语言教学方法，是交际教学法的发展，在世界语言教育界引起了广泛注意。任务型教学是以任务组织教学，是在任务实施的过程中，以参与、体验、互动、交流、合作的学习方式充分发挥学习者自身的认知能力，在实践中感知、认知所学内容，在“做”中学、“用”中学。表 1 展示了任务型教学的具体过程。

表 1　任务型教学过程

时间顺序阶段	目的阶段	主要内容
任务前(pre-task)	人物介绍	引入任务情境,理解任务要求
	任务准备	准备内容,准备语言
任务中(while-task)	任务实施	达成任务结果
	任务展示	展示任务成果
任务后(post-task)	总结评价	总结任务收获,评价学生表现

例如,在二年级讲授"Firefighters"的课时中,教师可充分考虑学生的兴趣点与关注面,在任务前期的英文讲解部分,通过丰富的视频资料与理论依据引入任务情境,在课中让学生扮演小小消防员进行现场演示、同步讲解,直观讲授在紧急情况下如何自救的方式与方法,通过现场操练提升教学的实用性。

5. 高阶思维,激发创造

在英语浸入式课堂中,教师不仅要关注学生的英语基础性内容,还要关注学生在高阶思维中的归纳、总结、分析、判断、想象等能力,所以在小学低段英语浸入式课堂中,教师可以根据学生的基础知识储备,有意将部分高阶思维培养方式运用于教学,为培养学生高阶思维能力作准备。

头脑风暴是课堂中调动学生积极性的常用方法。头脑风暴是一种集体开发创造性思维的方法,就是让一群人聚在一起,围绕特定的话题自由思考并大胆地提出各自的想法,然后在各自观点的基础上建立新观点。如果运用得当,头脑风暴可以帮助学生快速跳过浅显的答案,迅速找到高效、富有创造性的解决方法。

浸入式英语教学鼓励在课堂中提出更多开放性的问题,以《英语浸入式综合课程(2B)》第二单元交通工具为例,教师可以在前三课介绍一些交通工具,将后面四课进行一定的整合,利用前三课提到的手机地图应用程序,锁定一个目的地,引导学生思考如何到达目的地,鼓励学生根据自身经验大胆发言,即便有学生作出不切实际的回答,也不要急于否定或提出批评,要先肯定学生的想象力,只有这样才能让问题的答案更加丰富。最后教师对答案进行整合,总结出其中的优劣,引导学生进行思辨。

(六)情感策略

1. 用歌曲游戏激发兴趣

小学生在感知事物时,无意性或情绪性往往起支配作用。该阶段的儿童往往喜欢具体的、突出的、鲜明的和经历过的事物。因此,小学英语的课堂教学可采用学生喜闻乐见的活动,如歌曲、游戏等。设计活动时也应考虑贴近小学生的学习和生活经验的活动,以便更好地调动学生的积极性。

2. 用鼓励机制激发动机

英语学习中的动机是指学习者学习英语的愿望和推动力,它是个体发动和维持行动的一种心理状态。动机是维持英语学习兴趣的根本因素。然而,小学生的学习动机往往不够稳定或不明显，这就要求教师采用多种奖励方式调动学生的学习兴趣、激发学生的参与热情。

激励的形式主要有：(1)物质激励。教师可准备一些小奖品，如贴画、文具等，来奖励活动中表现好的学生。如果授课内容与购物相关，教师可将教室布置成文具店、鲜花店、水果店和服装店 4 个商店，让学生运用所学的语言在不同的商店“购买”东西，学生得到的奖励便是自己买到的物品。(2)任务激励。教师可交给学生一些任务，让他们运用所学的语言知识来完成，让学生在完成任务后获得成就感。(3)荣誉激励。教师可采用记分、插小红旗、画星星等手段鼓励表现好的个人或团队。(4)情感激励。教师可通过语言或非语言方式从情感上激励学生，如请全班学生为表现好的同学鼓掌、用身体语言(点头微笑、拍拍学生的肩)来鼓励学生等。

3. 评价要客观全面

评价是英语教学中必不可少的部分。新英语课程标准(实验稿)要求通过评价使学生在英语课程的学习过程中不断体验进步与成功，让学生认识自我、建立自信，促进学生综合语言运用能力的全面发展。语言教育学家克拉申认为，学习者的个性因素与外语学习的成效有关。在个性因素中，自信心最为重要，具有高度自信的学生学习成功率相对较高，因为他们敢于冒险，不怕犯错误，能大胆地用外语进行交际，不为语言错误而感到难堪；而在同样的语言学习环境中，性格内向、自信心弱的人会由于害怕出错而失去许多语言实践的机会。如果小学英语教师不能客观、全面、合理地评价学生的英语学习，很可能会使学生对英语学习丧失信心，失去对英语的兴趣。小学阶段英语学习的评价应关注学生综合语言运用能力的发展过程及学习的效果，教师可采用形成性评价与终结性评价相结合的方式，关注结果、过程和学生的态度，并使对学习过程和学习结果的评价达到和谐统一。

与一般的语言教学或学科教学不同，浸入式教学同时要实现学科目标(也称为内容目标或学术内容目标)和语言目标。通常来说，对学科目标的界定依据的是该学科的课程标准，而对语言目标的界定则依据两个方面：学科学习目标和语言课程标准。

语言目标指的是语言概念，包括词汇、交际功能和语法结构。在浸入式教学情境中，语言目标通常被分为两大类型：内容必需型语言目标和内容相符型语言目标。内容必需型语言是指理解和谈论学科内容所必需的语言，缺少这些语言就无法理解学科内容，这些语言通常也被称为认知学术语言。内容相符性语言则来源于外语课程，学生可以在既定的学科内容情景中学习与获得这些语言，不是成功掌握学科内容所必需的语言。表 2 对这两类语言目标进行了对比。

表 2 内容必需型语言目标和内容相符型语言目标的特点与共同点

对比项目	内容必需型语言目标	内容相符型语言目标
特点	(1)是学习课时或单元的关键内容概念所必需的 (2)是主要的,通常最先产生 (3)更容易辨认 (4)直接支持教学的核心概念 (5)是完成课时内容目标的基本要素 (6)是成功进行评价所必须学习的 (7)源于内容标准 (8)具有内容或学科的针对性,本质上更具学术性 (9)是内容导向型的	(1)将语言学习扩展至学术性语言形式和功能之外 (2)补充了额外的语言,以促进学生的语言发展 (3)补充了内容必需型语言 (4)支持教师选择的课堂活动和学习任务 (5)源于语言课程标准 (6)包括更多的交际形式和功能 (7)扮演强化语言的角色 (8)是方式导向型的
共同点	(1)针对的都是语法、交际功能、学术功能、单词和词组 (2)都支持微观层次上的语言发展	

小学英语浸入式综合课程教材每一课中所列出的语言目标都依据上述语言目标的划分进行了区分,在内容必需型语言目标前用“※”标示,没有标出“※”的为内容相符型语言目标。

五、小结

本文探讨了小学英语浸入式综合课程的教学策略,强调英语浸入式综合课程在激发学生学习动机和提高学习效果中的重要性。文章提出了多种教学策略,如课堂管理、讲授策略、提问策略、活动策略、学法指导策略和情感策略,以促进学生的全面发展。这些策略包括多样化的教学活动、有效的课堂管理、有针对性的提问、实际的语言操练、个性化的学习指导和积极的情感激励,旨在提升学生的英语学习效率和兴趣。文章还区分了内容必须型和内容相符型语言目标,指出了它们在教学中的不同作用。未来,教学策略应不断发展,以适应科学技术的进步和不断变化的教育需求,确保学生在挑战和机遇中不断成长。

小学英语浸入式道德与法治课程教学策略

一、绪论

英语是国际交流与合作的重要沟通工具。自 2001 年我国小学开始开设英语课程以来，小学英语师资队伍不断扩大，教学质量也不断改善，我国小学英语的教育理念、教学方法、教学资源建设等都在向更高的水平迈进，在小学阶段普及英语学习得到了社会的认可和肯定。目前，我国学生英语学习的目的也逐步从传统意义上的“应试”(以考试和升学为目的)转变为“应用”(以实际使用为目的)。然而，如何在我国小学英语教育中成功实现这一转变，确保英语课堂的教学质量，实现新课程改革的目标，是现今小学英语教学必须思考的问题。

2012 年经济合作与发展组织(OECD)发布了研究报告《为 21 世纪培育教师 提高学校领导力:来自世界的经验》，指出 21 世纪的学生必须掌握沟通与合作的技能，在全球化的时代，沟通与合作技能要求学生除了熟练地掌握自己的母语之外，还要掌握至少一门外语。此外，在当今世界，民族素质和创新能力越来越成为综合国力的重要标志。“教育 4.0”全球框架中提到人际交往、全球公民意识连同创新创造和技术技能共同构成人才培养的四维能力体系。国际竞争的加剧推动着基础教育课程向着更加重视公民道德教育、更加重视创新意识培养的方向发展。在我国，构建社会主义和谐社会、加快建设创新型国家的历史重任，要求基础教育必须加强社会主义核心价值体系教育，培养学生良好的公民道德素质和勇于探究的创新精神与实践能力。

《义务教育英语课程标准(2022 年版)》也提出明确要求:英语课程要集中体现育人为本、素养为核的价值取向，要以习近平新时代中国特色社会主义思想为指导，落实立德树人根本任务，以培养有理想、有本领、有担当的时代新人为出发点和落脚点。要增强学生对中外文化的理解和对优秀文化的鉴赏力，增强学生的家国情怀和人类命运共同体意识，涵养品格，提升文明素养和社会责任感，了解和传播中国优秀传统文化。

小学低年级阶段是儿童从幼儿生活向小学生生活过渡并逐步适应学校生活的重要时期，也是儿童品德、行为习惯、生活态度和认知能力发展的重要时期。小学道德与法治课程根据社会与时代发展的需要和儿童身心发展的特点而设置，旨在以正确的价值观引导儿童更好地适应学校生活，形成良好的品德和行为习惯，在充满探究与创造乐趣的童年生活中，为学会生活、学会做人打下基础。

2015 年，联合国教科文组织发布的报告《反思教育：向“全球共同利益”的理念转变?》指出:“学习的模式在过去 20 年里发生了巨大的变化，知识来源改变了，我们与知识之间的交流互动方式也改变了。然而正规教育系统变化缓慢，目前的状态与其过去 200

多年间的情况依然非常相似……”[1]在此背景下，世界各国都把课程作为撬动教育变革的支点，试图通过课程改革来培养学生的跨学科素养，转变传统的单学科、重书本知识的教育方式。与此同时，中国的基础教育改革也正在向纵深推进，旨在通过改革来重建课程文化、知识体系和教学模式，以全面提升教育质量，提高学生解决实际问题需要具备的综合能力，加快创新型人才的培养步伐。

作为应用语言学的一个重要分支学科，第二语言习得主要研究人们学习第二语言的过程和结果，其目的是对语言学习者的语言能力和交际能力进行客观描述和科学解释。二语习得理论的核心是“内隐知识”和“外显知识”的区分，对语言能力提升至关重要的“内隐知识”不是“学得”而是“习得”的，这就需要创设尽可能多的语言环境。语言学家克拉申早在20世纪60年代就提出了“输入假设”理论（Input Hypothesis），强调教师的任务就是为学生提供尽可能多的可理解性输入（Comprehensible Input），可理解性输入专注于意义而非形式，如果输入被理解且有足够的量，语言结构会自动习得。语言学家斯温则认为，输入对于语言习得至关重要，然而只有输入是不够的。斯温基于多年来对“加拿大浸入式计划”的研究，提出成功的第二语言学习者既需要接触大量的可理解性输入，又需要产出可理解性输出（Comprehensible Output）。然而，要满足语言输入或者输出的前提都是学生有机会尽可能多地接触英语，正如国际知名应用语言学家埃利斯所指出的那样，在英语为非母语的国家，小学成功开设英语课的“最佳配套条件”之一是要有充足的英语教学课时[2]。

当前我国小学英语课程实施主要存在两方面的问题：一是英语学科占课时总量偏少，导致学生小学阶段接触目标语的时间不足，以致无法获得足够的语言输入量，语言输出更是难以保障；二是传统的英语教学偏重单一学科语言知识和语言技能的学习，与其他学科知识的联系不紧密，不利于学生英语语言应用能力和其他学科知识认知能力的综合提升。

二、文献综述

（一）英语浸入式理念及研究现状概述

除了具有专业素养的教师、适宜的文化语言资源和课程，英语教学模式也是影响小学英语教学成功实施的一个重要因素[3]。英语浸入式教学模式正是针对目前小学英语课程实施存在的教学课时不足、与其他学科知识相对割裂这两大突出问题而提出的一套完整、有效的教学模式。英语浸入式教学指学生在校的部分或全部时间都“浸泡”在英语环境中，教师只用英语面对学生，教授全部或部分学科课程。当前国际上流行的两种浸入式教学模式分别为基于学科内容的教学（Content-Based Instruction，简称 CBI）和学科

〔1〕 联合国教科文组织．反思教育：向“全球共同利益”的理念转变？[EB/OL]．[2016 - 08 - 10]．http://unesdoc.unesco.org/images/0023/002325/232555c.pdf.

〔2〕 LOEWEN S, REINDERS H. Key conceptions in second language acquisition[M]. New York: Palgrave Macmillan, 2011.

〔3〕 黄小丹．美国外语浸入式教学现状[J]．比较教育研究，2004，7(170)：8 - 12.

内容与语言的融合学习(Content and Language Integrated Learning，简称 CLIL）。在浸入式教学过程中，英语具有双重功能：既是学习的内容，又是学习的工具[1]。

英语浸入式教学产生于 20 世纪 60 年代加拿大的法语浸入式教学模式。我国的英语浸入式教学大型试验始于 1997 年，是国际教育借鉴和国际教育合作的产物[2]。20 多年来，国内专家在英语浸入式教学方面进行了大量研究，研究主题主要包括这些方面：教学研究、评价研究、教师教育研究和教学资源研究[3]。

教学研究方面的主题在英语浸入式教学研究中占很大比例，具体包括：

·文化教学研究，例如探讨浸入式教学中文化意识培养所存在的问题并提出相应的解决方案。

·教学法与教学策略研究，例如：

❖ 任务型教学法：许多教师结合教学实际，探讨任务型教学及“任务”在英语浸入式教学中应用的可能性和理论依据，提出了一些可行的教学活动任务，展示了自己任务型教学课堂的流程和方法。

❖ 英语拼读教学法：目前我国很多浸入式教学实验班已采用拼读法教学词汇，有不少一线教师也根据自身实践总结了拼读法的教学经验，通过学习和借鉴国外拼读法的系统教授内容和方法，把握拼读法教学的最佳时机，关注拼读法的“意义”教学。

❖ 提高学生输入和输出能力教学法：总体而言，目前对输入能力教学法的研究多于输出能力教学法的研究。

❖ 小组合作学习：小组合作学习可以弥补大班上课的不足，给每个学生创造“说”的机会。

❖ 情境教学法：浸入式教师积极探索教学中创设情景和环境的策略，通过实物、图画、各种活动和教学设备创设情境，让学生“浸泡”在英语氛围中，从而自然习得英语。

·学科与语言双聚焦教学研究，例如探讨实现浸入式教学所要求的语言与学科双重目标的方法。CCUEI 课题组成员不断从理论上论证双目标的可行性和必要性；一线教师也结合自己的学科性质，总结了不少具有实践性和学科特性的教学策略或方法。

·教师话语分析研究，即对教师课堂用语的分析研究。国内研究目前较少涉及外语课堂上的师生互动研究，以及不同互动模式对学生语言学习的影响。

·学习策略、学习兴趣研究，例如对中学和大学阶段英语学习者所使用的语言学习策略进行描述和分类的研究。这类研究目前在我国较为广泛，而对于小学阶段低龄儿童的学习策略的研究是近些年才开始的。

---

[1] 迟延萍，赵微．我国小学英语浸入式教学实验综述[J]．比较教育研究，2004(7)：13－18.

[2] 强海燕，赵琳．加拿大第二语言浸入式教学及其在我国的借鉴[J]．比较教育研究，2000(4)：39－40.

[3] 李丹凌．英语浸入式教学研究：二十年回溯与展望[J]．广东水利电力职业技术学院学报，2016，14(2)：76－80.

英语浸入式教学研究中的评价研究具体包括：

·语言发展水平评价研究。目前大部分实证研究均指向英语浸入式教学对英语发展的促进作用。

·学科知识及认知能力评价研究。相比语言发展水平研究，此方面的研究相对较少，但从目前实际教学情况来看，浸入式教学对学生学科知识掌握及智力的发展均未产生不利影响。

·其他非智力因素（如英语学习态度及兴趣等）评价研究。一些学者调查研究了英语学习动机、英语学习态度、交际意愿、能力感、语言焦虑、父母的支持对浸入式和非浸入式学生的影响作用，结果发现浸入式学生交际意愿很高，能力感较强，语言焦虑度较低，其中交际意愿和能力感对英语阅读和口语水平有很强的预测作用[1]。在 CCUEI 项目中，某实验中学也对其两年的初中英语浸入式实验进行了评估，结果表明实验班学生学习英语的积极性、主动性、英语思维能力、综合文化素质和个性健康发展都显著优于对照班学生。

·教师教育研究，包括浸入式师资培养模式研究和浸入式教师专业发展研究。教学资源研究包括教材内容分析研究和课程开发研究。对现有教材进行内容分析，主要是为了进一步改进浸入式教材，使教材能更好地融合学科和语言知识点。课程开发就是不断地使课程适应社会的进步和变化，要求教师对课堂进展作出预测，准备好适当的教材教具，并将其成套地组织起来。

（二）教学策略理论依据

小学英语浸入式教学模式主要基于 5 个方面：

·语言学习的敏感期：人对语言的敏感性会随着年龄的增长逐渐削弱，儿童具有很强的语言敏感力，具有学习第二语言的优势，早期浸入式教学符合儿童对语言学习的敏感性特点，儿童学习第二语言也相对更为容易。

·语言习得的效果：习得是一种自然的语言学习方式，像儿童习得母语一样，二语学习者在有意义的交际中，通过对语言的理解和使用，自然获得运用语言的能力。习得是儿童学习第二语言的一种轻松、高效的途径。

·儿童的心理特点：儿童的心理特点之一就是愿意自发地参与活动。在语言学习过程中，相较于成年人，儿童较少出现心理抑制问题。

·跨学科整合的教育理念：语言学习应当与不同学科知识的学习相融合，当语言作为工具运用到其他学科学习中时，语言学习便更有意义。

·儿童的学习特点：学习内容应当与儿童日常生活密切联系，并为儿童带来愉快的体验。

结合英语浸入式教学模式的特点和要求，小学英语浸入式道德与法治课程设置主要

---

[1] KNELL E, CHI Y P. The roles of motivation, affective attitudes, and willingness to communicate among Chinese students in early English immersion programs[J]. International education, 2012, 41(2): 66 - 87.

依据以下理论。

1. 皮亚杰的儿童认知发展理论

根据小学生的认知发展特点，小学阶段教学应强调活动的重要性。皮亚杰认为，“活动”是主客体的桥梁和中介，只有学生自发地参与各种活动，才能形成自己的认知[1]。教师要设置情境，让学生于其中观察和思考，充分调动学生的各种感官，鼓励学生多动口、多动手、多动脑，要让学生在活动中、在解决问题中学习。小学英语浸入式道德与法治课程的设置结合学生的认知发展特点，以活动为教和学的基本形式，课程的呈现形态主要是儿童直接参与的各种主题活动、游戏或其他实践活动，课程目标主要通过活动过程中的体验、感悟和主动建构来实现。

2. 第二语言习得输入、输出及交互理论

成功的第二语言学习者既需要接触大量的可理解性输入，又需要产出可理解性输出。在第二语言学习的过程中需要进行有意义和真实的交流。因为在互动过程中难免出现交流障碍，当交流者试图预防交流障碍出现或消除已经发生的交流障碍时，就会发生一些含有互动式调整的对话[2]。语言是一种技能，只有在真实的互动情境下训练，才能习得活的语言。小学英语浸入式道德与法治课程学科内容与英语语言整合的教学模式就是为学生提供了有意义和真实交流的基础。

3. 学习动机理论

“有用”和“有趣”是学习行为的直接原因和内部动力。大量研究发现学习动机的指向和水平直接影响学生的学习行为[3]。一般认为，学习动机由内驱力和诱因两个基本因素构成。内驱力是学生的内部推动力，是一种内部刺激。相较而言，诱因是一种外部刺激，包括各种惩罚和奖励。最好的学习动机就是学习者对学习材料本身感兴趣。小学英语浸入式道德与法治课的课程内容源于儿童的日常生活，是一门以培养具有良好品德与行为习惯、乐于探究、热爱生活的儿童为课程目标的活动型综合课程，学习材料与儿童的日常生活密切相关，以儿童生活中的需要和问题为出发点，具有生活性、活动性、综合性和开放性，课程内容充分调动学生的学习兴趣。

三、小学英语浸入式道德与法治课程的教学策略

小学英语浸入式道德与法治课程的教学模式糅合了许多与儿童生活经验相关的知识，因此易于创设有意义的英语学习环境，为学生提供在情境中理解语言内容、进行语用的机会，用多元化的语言交互活动激发并保持儿童的英语学习兴趣。小学英语浸入式道德与法治课程聚焦课程内容和语言学习“双焦”目标，拓展了英语学习内容，也对浸入式学习提出了新挑战。基于教学实验研究和实验教师的实践性反思总结，小学英语浸入式道德与法治课程教学遵循英语浸入式教学基本原则：融合性、习得性、听说领先的交互式

[1] PINTER A. Teaching young language learners[M]. Oxford: Oxford University Press, 2017.

[2] LOEWEN S. Introduction to instructed second language acquisition[M]. New York: Routledge, 2020.

[3] 陈红梅．浸入式教学法对幼少儿二语习得的必要性研究[J]．教学创新，2017(6)：57－60.

学习和活动性原则[1]。

融合性教学倡导学生在丰富的学科语言环境中,“自然”地发展语言理解和交流表达能力,在语言情境中认识生词的意义和用法,并结合学科内容学习语言技能。因此,浸入式教学应按照学科知识体系和主题进行设计。小学英语浸入式道德与法治课程的教学设计通常遵循“激趣—明理—导行”的教学思路,例如在小学一年级道德与法治课程交通规则和交通安全一课中,教师设计了设问猜谜激趣、看图判断明理、亲身体验导行等学习活动,在帮助学生掌握相关交通规则和安全的道法知识的同时,提高学生的英语语言技能。

“习得”是相对“学得”而言的。习得性教学强调创设较为“自然”的英语语言环境,让学生了无痕迹地接触语言、习得语言。这种“环境”以课堂上大容量、高浓度的英语口语输入为主,语言输入贴近学生的实际生活,使学生于无形中“习得”英语。这一策略要求教师始终用英语和学生交流,保证单位时间内充足的英语输入量,并在不同的情景和活动中变换语言表达方式,以增加儿童语言输入的频率、广度和丰富性。为此,小学英语浸入式道德与法治课程的实验教师无论在课堂中还是课间,始终保持用英语与学生交流,尽可能多地为学生提供大量可理解性的语言输入。

小学英语浸入式道德与法治课程的教学倡导“听说领先”的交互式学习。小学生刚开始在全新的英语语言环境中学习道法课程内容,会有一段时间的“语言沉默期”,即只有语言输入,少见语言输出。教师不会急于要求学生进行表达,而是通过各种辅助教学手段和趣味教学方法吸引学生学习知识,通过“听—做”“听—画”“听—匹配”“看—判断”“唱—演”等活动来判断他们是否理解教学内容,鼓励他们在大量“听”的基础上用英语表达,师生、生生交互式交流,开展小组合作与讨论,从而使学生获得语言交际能力。小学英语浸入式道德与法治课程教学“以儿童为中心”,鼓励学生主动探究问题,互相交流,发展创新意识和实践能力。

活动性学习引导学生在课堂中通过感知、体验与合作等方式,实现对语言和学科知识的理解、记忆、掌握和运用。因此,小学英语浸入式道德与法治课程的实验教师在课堂上创设了多元的英语互动活动,践行学思结合、用创为本的英语学习活动观,紧密联系学生实际生活,倡导学生围绕真实情境和真实问题,参与指向主题意义探究的学习理解、应用实践和迁移创新等一系列相互关联、循环递进的学习活动。

在遵循上述基本原则的基础上,小学英语浸入式道德与法治课程通常采用的教学策略有实物教具法、故事法、歌曲教学、猜谜活动、判断法、辩论赛、表演法等。

实物教具的使用在小学英语浸入式道德与法治课程中起着重要作用。小学生尤其是小学低段学生形象思维能力强,课堂上要想取得好的教学效果,就要借助图片、卡片等实物教具加深学生对学习内容的理解记忆,使英语教学过程变得生动、形象、直观、有趣,将抽象的知识具体化,从而提高学生英语及学科知识学习的积极性和兴趣,为课堂增添更多真实的元素。

---

〔1〕 仇红. 英语浸入式教学的认知原理与浸入式教学的实践[J]. 2003,16(2):97-100.

故事法的教学策略要求教师以讲故事的方式教授课程内容。蕴含道法知识的故事为学生学习创设了生动的情境，故事中同样的句型反复出现在不同的场合，使学生在不同的情景中习得语言。学生始终处于新鲜的语境中，避免了单纯的机械操练，语言和学科知识的学习充满趣味。从教师讲、学生听，到师生交流故事中的问题，再到学生描述、复述故事，整个过程都在训练和提升学生的语言听说能力、理解能力和思维能力。

歌曲教学有助于活跃课堂气氛、激发学生的学习兴趣。爱唱好动是儿童的天性，歌曲教学符合儿童的心理和年龄特点。儿歌简单易懂、韵律感强，通过与主题相关的歌曲教学，儿童能在不经意间习得相关语言知识，加深对相关词句的理解。此外，恰到好处的歌曲教学能激发学生的情感，活跃学生的思维。在小学英语浸入式道德与法治课堂中，教师可充分发挥歌曲教学的作用，创设轻松愉快的学习氛围，降低学生学习新语言和学科知识时的畏难和焦虑情绪，调节学生的注意力，以唱促学，寓教于乐。

在教学中设置猜谜活动能够有效调动和激发学生的好奇心和求知欲。在小学英语浸入式道德与法治课堂上结合相关主题巧妙设置猜谜环节不但能营造一种幽默、自然、和谐的课堂气氛，有效地调动学生的学习兴趣，吸引学生的注意力，而且能激发学生主动运用英语进行表达的欲望。猜谜实际上是一种融合了听力理解和口语表达的练习活动，猜谜时，学生先要听懂谜面，理解含义，然后才是思考与猜测。通过猜谜，学生既能同时提高听和说的能力，又能保持学习兴趣和动力。

判断法是小学英语浸入式道德与法治课程教学中必不可少的一种教学策略。通过设计看图判断等认知活动，教师能够有效检测学生是否理解和学会应用相关的语言及道法学科知识，是否明白其中的道理并树立了正确的价值观。判断活动能使学生在理解的基础上判断句子和段落之间的逻辑关系，以及图片或文本内容所包含的价值观，并根据个人经历对语篇内容、人物或事件形成自己的观点并将其表达出来，有助于学生逐步培养独立思考的能力，提升学生的思维品质。

辩论是思想的碰撞，对学生的思维能力、表达能力及知识储备都有较高的要求，在小学高段的浸入式道德与法治课堂中举行辩论赛，对于具备一定语言基础的学生来说是一种非常有效的互动形式，能够强化学生在课堂中的主体地位，提高学生的学习积极性。课堂辩论任务要求学生在课前对相关知识进行整理和学习，这一过程不仅丰富了学生的知识结构，而且能够培养学生良好的课前预习习惯。辩论赛不仅能够强化学生的语言和学科知识运用能力，还能够帮助学生从不同角度辩证地看待问题，提高自身的综合能力。

在道德与法治课堂教学中，表演是在学生学习理解相关语言和道法知识的基础上，为学生创设模拟真实生活场景、引导学生行为的一种灵动的教学方法。表演法教学充分体现了新课程改革要求的重视“过程与方法”的教学目标和“实践性”的课程特点，使抽象的理论变得形象化，学生能够自觉积极地参与活动，在“做”中学、在观赏中学。表演法能够培养学生的自信心，发展学生的思维能力、合作能力和创新创造能力等。为了让不参加表演的学生也能高效参与课堂的探究活动，教师要有意识地组织和引导这些学生同表演者进行积极互动，比如提前布置一些具有讨论性、启发性的问题，让学生带着这些问题一边欣赏、一边思考，并在表演结束后与同学合作探究问题并分享观点。最后，师生一起对整个活动进行总结，从而强化对学生的行为指导。

教师要根据不同教学内容设计不同的教学策略与方法。充满趣味性的教学策略可以使小学英语浸入式道德与法治课堂不再沉闷枯燥，使学生自然进入学习新知识的情境并保持长时间的专注，激发学生的学习情感、兴趣和求知欲，使学生乐学、爱学，进入最佳的学习状态。

四、结论

小学英语浸入式道德与法治课程内容视学生的日常生活为宝贵的课程资源，课程学习本身是学生生活的重要组成部分，是学生在教师指导下体验生活、主动参与生活、创造生活的过程。课程教学并非单一的语言知识或者学科知识的传递和接受，而是以活动为教和学的基本形式，为学生创设丰富多元的"类似习得"的英语语言环境，让学生在"激趣—明理—导行"的课程活动中体验、感悟和主动习得语言和学科知识。

小学英语浸入式道德与法治课程的教学目标随着学生生活及活动过程的变化和需要不断调整，尽可能涉及学生生活的各个方面。课堂从教室扩展到家庭、社区及学生的其他生活空间，课程评价更加开放、多元，全面关注学生丰富多彩的体验和个性化的创意与表现。教师通过在课堂上创设情境、设计一系列学生感兴趣的活动和互动环节，引导学生热爱生活、创造生活，在服务自我、他人和集体的行动中学习做人，在与自然以及周围环境的互动中主动探究问题，发展创新意识和实践能力。

小学英语浸入式道德与法治课程的教材关注儿童的兴趣和需要，关注儿童成长中的困惑与问题，将有教育价值的课题作为教学内容或课程的生长点。在教学中，实验教师积极引导学生主动做什么，而不是支配学生做什么，通过与学生一起讨论活动计划，提供选择活动内容、方式或合作对象的机会，鼓励学生参与活动、用英语发表自己的看法，根据学生的反应调整活动，让学生参与活动评价，在具有趣味性和可操作性的活动设计中，发展学生的自主性、思维品质与判断能力。

总而言之，小学英语浸入式道德与法治课程的教学模式符合小学英语浸入式教学的理论框架，在学科内容的语境下，将内容（Content）、交际（Communication）和文化（Culture）三部分融合起来。因此，相比于非浸入式教学，小学英语浸入式道德与法治课程具备两方面的优势：一是可以提高外语教与学的成效。内容与语言融合教学在有意义的语言输入、词汇循环和语言材料的真实性方面具有优势，为学生提供了一种自然的语言习得环境。学科知识的学习强化了学生的语言学习动机，增强了语言交际使用的真实性，使得外语学习更有意义、更加有趣。二是促进学生认知发展。内容与语言的融合教学，不仅消除了语言与学科学习之间的界限，也消除了学科之间的界限，在提高学生语言能力的同时促进了学生认知灵活性的发展。为充分发挥浸入式教学的优势，教师可以结合具体的课程内容选择不同的教学策略，以实现最佳教学效果。

小学英语浸入式科学课程教学策略

一、绪论

小学阶段的科学教育肩负培养青少年科学兴趣、树立科学志向的重要使命。小学科学课程是科学教育的重要抓手，对人才早期成长具有奠基性作用。科学课程主要培养学生的科学观念、科学思维、探究实践、态度责任等核心素养。《义务教育科学课程标准(2022年版)》规定了科学课程的内容结构(见图1)：

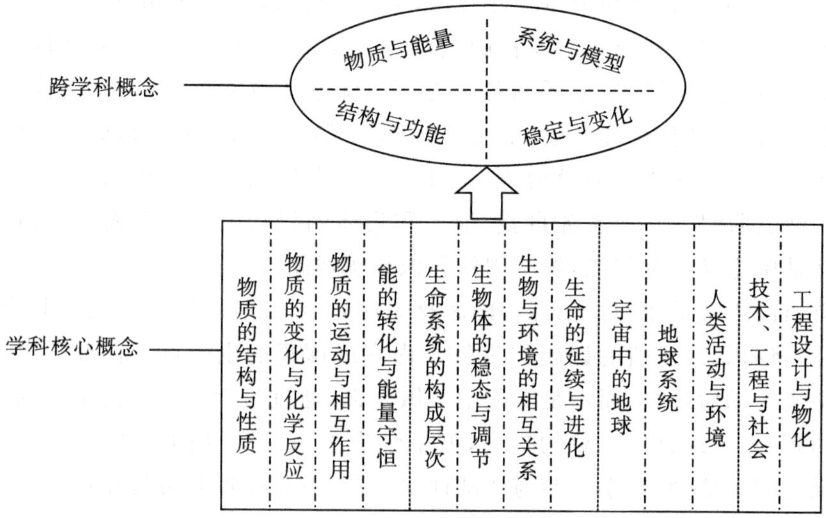

图1 科学课程的内容结构

小学阶段也是学生语言能力发展最快的时期，传统的英语教学模式往往只重视学生的单词量以及结构简单的英语句式的教学，忽视了对英语语言表达能力的培养。新课程标准提出坚持以学生为本的原则，鼓励学生能用英语做事，也就是培养学生运用英语语言的能力，强调呈现各种语言知识以及学习要从语言使用的角度出发，通过创设特定语境，采用循序渐进的语言实践活动来服务学生用英语做事的能力。

在教学过程中，激发和培养学生的学习兴趣是非常重要的。科学课程的内容恰好可以为英语教学提供非常好的教学素材。比如，就生物部分而言，小学生往往对身边的植物和动物充满天然的好奇心和探究的动力，对自身的身体结构以及疾病的预防治疗也有着强烈的了解意愿。英语浸入式教学正是将学科知识与语言知识有机结合，让学生“浸泡”在英语的语言环境中，以大量、丰富的语言输入为学生创设生成外语的条件和基础，使语言学习变得轻松、愉快、自然。

二、浸入式英语教师开展科学课教学的专业准备

在 CCUEI 的项目实验中，小学英语浸入式科学课程的教师在语言素养及教学技能方面都有足够的积累，但提高学科教学的专业性是一个必须克服的难点。2021 年，国务院发布了《全民科学素质行动规划纲要(2021—2035 年)》。在此背景下，如何培养高质量科学教师，成为亟待解决的重点课题。科学教师的培养标准是保障和提升科学教师教学质量的重要手段。美国科学教学学会(National Science Teaching Association，简称 NSTA)是国际上具有典型性和代表性的科学教师组织。NSTA 制定的《科学教师培养标准(2020 年版)》提出了科学教师培养的 6 条核心标准：学科知识、学科教学法、学习环境、安全、对学生学习的影响、专业知识与技能[1]。基于这些标准，小学英语浸入式科学教师应践行以下原则。

第一，科学教师应该储备丰富的学科知识。小学科学是一门综合性课程，融合了物理、化学、生物、地理等不同的学科知识，因此，小学科学教师应熟悉完整、跨学科的专业知识。学科知识基础越扎实，越有助于教师在教学中建构知识并提出合适的问题。小学科学的教学过程中有许多实验活动，在实验操作过程中，每个实验活动往往涉及多门学科知识，例如“叶脉书签”一课中的实验活动会涉及生物学、化学等学科知识。

第二，科学教师要具备一定的教育学知识及学科教学知识。科学教师要学会将学科知识与教学法知识结合起来，在教学过程中充分考虑学生的认知水平及身心发展规律，以便更好地讲授课程内容。

第三，科学教师要具备课程整合能力。科学课程的综合性很强，涉及多个领域、多个学科，这就要求科学教师在进行课程实施环节时对课程进行重组建构，践行 STEAM 教育理念(集科学、技术、工程、艺术、数学多领域融合的综合教育)。有研究表明，小学科学教师对于各学科领域的内容较为清楚，但是对于领域间内容联系的认识较为不足，因此，科学教师跨学科概念理解的学科整合性亟须提高[2]。

第四，科学教师需要熟练掌握基本的实验操作技能，并且具备信息化教学能力。信息技术媒体有助于促进师生交流、整合教学资源、提高课堂的教学效率，从而减轻教学负担。例如，蜜蜂给植物授粉的实验有一定的安全隐患，因为蜜蜂会蜇人，教师可以将整个实验过程录制下来并制作成微视频，让学生通过观看视频较好地了解整个实验过程，这样既节省了时间，又优化了实验教学，同时保证了课堂教学安全。

第五，科学教师需要具备正确的科学本质观及人文素养。科学的本质是知识体系，是科学过程和科学观念。在教学过程中，教师要渗透对学生科学素养的培养，以学生为中心，给予学生足够的人文关怀。例如，在“人体呼吸系统”的教学中，教师可通过提问学生步行、慢跑和快跑时的感受，帮助学生理解氧气与人类运动之间的关系，并进一步通过

---

[1] 张一鸣，王健，白欣．美国 NSTA 科学教师培养标准变革及启示[J]. 课程·教材·教法，2021，41(12)：130-136.

[2] 高潇怡，孙慧芳．小学科学教师的跨学科概念理解：水平、特征与建议[J]. 教师教育研究，2020，32(6)：68-75.

“肺活量”的测试，鼓励学生多进行体育锻炼。这样就把教学情境还原为生活情境，让学生认识到科学就在身边，在教学中培养学生的科学素养。

三、浸入式英语教师开展科学课教学的策略选择

（一）探究式教学策略

探究式教学以学生的学习兴趣为基础，通过充分发挥教师的引导作用，帮助学生获取知识、掌握学习方法、提高学习能力，培养学生的学习素养。探究式教学模式借助与科学研究相近的方式获取和应用知识，因此具有多元化特点，有利于拓展学生的思维、激发学生的创新能力，让学生在实践应用中充分认识科学知识的重要价值。图 2 以科学课中的问题为具体案例，展示了探究式教学策略在科学课中的具体应用。

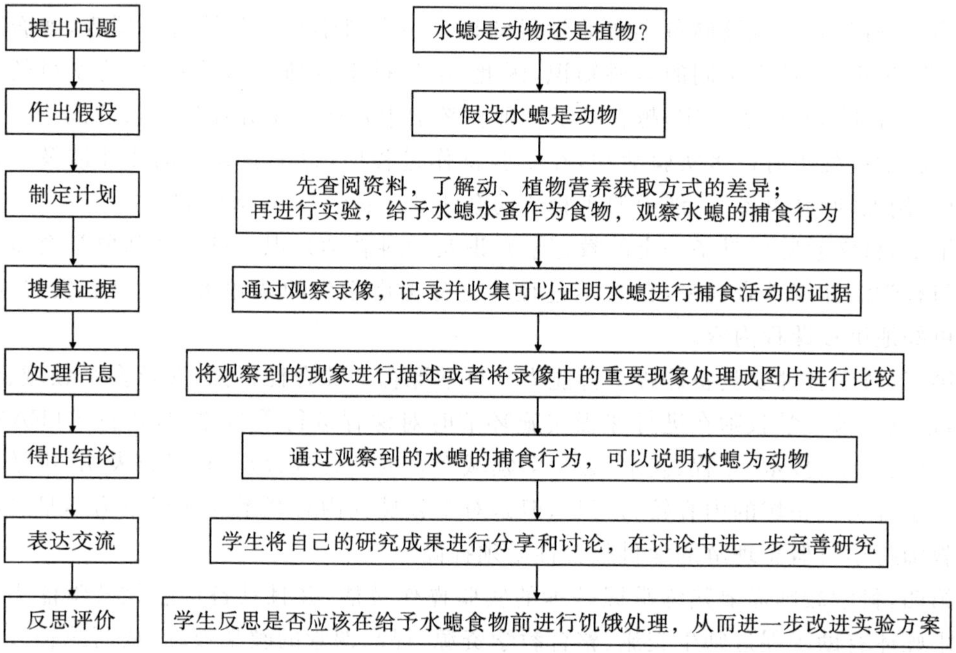

图 2　探究式教学策略的一般模式及案例

（二）生活化教学模式

在小学科学教育中，生活化教学是指教师在讲授科学知识时，将科学知识与学生的日常实际生活联系起来[1]，根据学生的认知能力和学习需求，将教学活动置于现实生活中，利用生活中的资源使抽象的知识具体化、生动化，从而激发学生的好奇心和求知欲，更好地实现科学素养的培养。

将生活化教学模式应用于浸入式科学课堂时，教师应遵循以下原则：

• 契合性原则：首先，教师在选取生活化的教学资源时需要考虑教学资源与科学知识的契合度，不能将教学资源生硬、僵化地套用于课堂。其次，所选素材要符合学生的认

〔1〕 李香叶．小学科学教育中实施生活化教学研究[J]．华夏教师，2022，233(5)：88－90．

知发展水平和教学目标,否则会适得其反。

·贴近性原则:教师所利用的资源要尽可能贴近学生的生活,要考虑地理位置、学生年龄、兴趣爱好、认知经验等因素,使教学素材尽可能贴近学生生活[1]。

·趣味性原则:考虑到学生的学情,教学素材要具有趣味性,教师要尽量选择一些趣味横生的科学现象或科学故事吸引学生注意力,达到以趣引思、以趣促学的教学效果。

·直观性原则:小学阶段的学生对于抽象知识的理解能力还不够完备,因此教师要选取较为直观的素材,降低学生的理解难度,减轻学习压力。

例如,在讲授教科版《小学科学》三年级"水到哪里去了"的内容时,开课前教师可让学生准备好带有杯盖的杯子,上课时帮助学生倒入热水,先不盖盖子,让学生看到水汽,然后教师让学生盖上盖子稍等片刻。这个过程中,教师需要注意的是水的温度要高一些,但也不可以太烫,避免出现安全问题。等待的时间一到,教师便可以让学生打开杯盖观察杯盖上凝结的水珠,然后以提问的方式激发学生思考。比如,教师可以问:"哪位同学能说一下,为什么杯盖上会有小水珠呢? 如果我将凉水倒入杯中,杯盖上会不会有小水珠呢? 冰水呢?"教师根据学生的回答进行有效引导,使学生明白水汽凝结的过程。

再以教科版《小学科学》五年级上册"食物链和食物网"的内容为例,该课时要求学生掌握植物与动物之间的联系,比如草、鹰、兔子之间的食物链关系,从而理顺食物链的结构,使教材知识转化为生活认知。教师要在教学环节提前做好各类素材的相关准备工作,如果选择以游戏活动为载体呈现教学,可以为学生制作草、鹰、兔子等角色的头套,组织学生进行角色扮演,激发学生的参与兴趣。教师在角色扮演的过程中要加强引导和启发,随机进行问题创设,如"若将老鹰从食物链里去除,将会发生什么"等。此时,扮演老鹰的学生可从教学情境中退出,让其他学生继续进行角色扮演。在角色扮演的过程中,教师应根据故事的发展,鼓励学生主动观察和分析食物链断裂的最终结果。

(三)PBL 教学法

PBL(Project-Based Learning)是以问题为学习起点的一种教学方法,即问题先于知识的学习,学生通过合作学习和自主探究获得新知识,提高学习能力并解决问题。在教学过程中,教师首先为学生创造真实、复杂的问题情境,激发学生的学习兴趣,引导学生独立思考并与他人合作逐步分析问题、解决问题,从而使学生获得知识、理解知识、运用知识,提高分析问题、解决问题的综合能力。

将 PBL 教学法应用于浸入式科学课堂时,教师应遵循以下原则:

·选择具有实用性的项目或者真实的问题情境。PBL 教学法要求教师选用的项目应结合生产和生活实际,以达到实践锻炼的效果。选择的项目和问题情境应当符合学生的实际情况,难易程度要与学生实际水平相吻合,落在最近发展区内,保证学生能够运用英语,通过探究合作并借助教师的指导完成所有的任务。

·体现学生的主体性地位。PBL 教学法的开展应当充分体现学生的主体性地位,发

[1] 唐梓兰. 让科学在生活的土壤中成长——小学科学教育实施生活化教学的策略探讨[J]. 科教文汇, 2022, 565(13):122-125.

挥学生的能动性和积极性。教师应将各项活动的主动权交给学生，但也应在教学活动中的发挥监督和引导作用，确保教学活动朝正确的方向发展。学生通过自主探究、自主发言，完成 PBL 教学中的各项任务，不断提升自身技能。

· 关注学生的团队合作。PBL 教学重视团队合作，设置的任务往往要通过多名学生合作才能完成，不同成员在合作过程中发挥自身优势，对项目任务的完成作出贡献。在团队合作中，每位学生的价值得以体现，学生学习的主动性也能得到激发。团队成员之间相互学习、取长补短，力求所有学生的能力均得到提升。教师要为学生合作创造轻松的环境，对学生进行适当鼓励和表扬，有效激发学生的学习兴趣。

PBL 教学法大致包括 6 个步骤：(1)界定问题（教师需在正式上课前完成这一步）；(2)头脑风暴（对可能的假设或解释进行集体讨论）；(3)重新结构化问题（对问题进行尝试性的解决）；(4)界定学习目标；(5)收集信息和个人学习（学生独立学习）；(6)共享从讨论中收集到的信息和个人学习的信息（以小组报告或讨论的形式呈现）。

以科教版《小学科学》五年级下册第五单元“昼夜与四季”一课为例，在教学过程中，教师在上课之前要根据“昼夜与四季”一课所要向学生展示的科学现象，整理出每一部分需要学生掌握的知识点，根据每一部分的知识点来设计教学方案，并根据教学方案来进行相关问题的创设，之后在课堂教学过程中针对设置的问题让学生进行小组讨论和探究，自主探索出问题的答案。如在进行“昼夜交替”部分内容的教学时，教师可以播放一组有关昼夜交替的音像资料来进行新课的导入。在导入的过程中，要向学生提问关于昼夜交替的问题，如“同学们知不知道为什么会出现白天和夜晚？在夜晚的时候，太阳去了哪里？白天的时候月亮又在哪里？”等问题，通过这些问题引导学生进行思考，从而顺利把学生引入课堂教学。之后，教师可以教授昼夜交替的相关内容，向学生讲解昼夜交替的原因，引导学生发现问题并对这些问题进行思考，鼓励学生自己尝试说明原因。教师可以根据学生在课堂中的问题解答情况，重新界定目标，补设一些更有难度的问题情境，如“昼夜交替和四季的关系是什么”，进而在课堂中组织学生进行小组讨论，讨论的内容可以是教师预留的问题，如“昼夜交替会对地球上的哪些生物产生影响”“昼夜交替和四季的关系是什么”“四季对动物和植物的影响”等，通过这些问题让学生进行自主思考，通过探索、观察来发现科学的奥秘，最后让学生对结果进行汇报和讨论。

图 3 展示了 PBL 教学法在科学课中的具体应用：

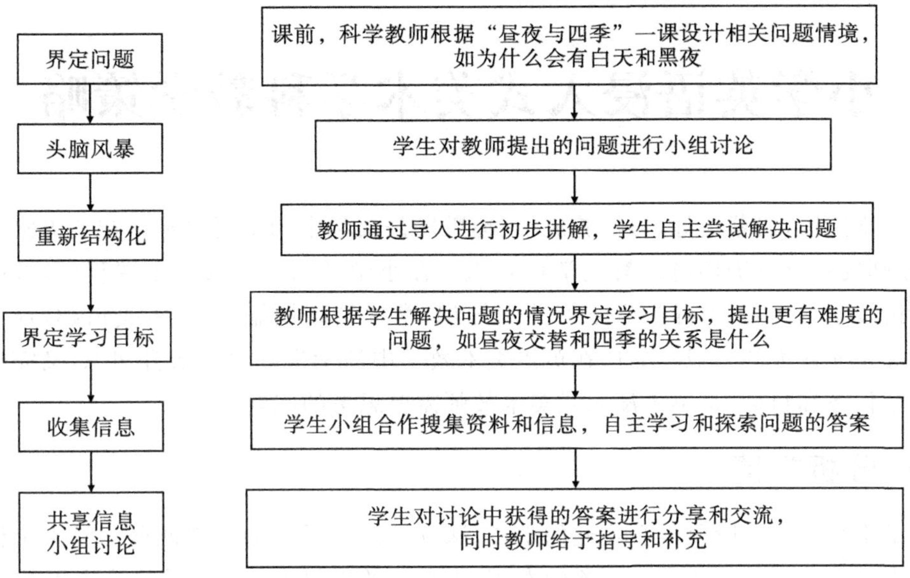

图 3　PBL 教学法的一般模式及案例

四、结论

浸入式英语是进行科学教育的有效途径，科学课程的内容为英语教学提供了有益的教学素材。在教学过程中，学生可在真实的科学情境中运用英语，在语言学习中培养科学精神和实践创新能力。在这种教学模式下，教师从“教英语”转变为“用英语教”，这也对教师学科教学的专业性提出了更高的要求。教师应储备丰富的学科知识，根据教学内容选择有效的教学方法，从而提高教学质量，激发学生学习语言和学习科学的兴趣，努力培养一流科技创新人才。

小学英语浸入式美术学科教学策略

在小学阶段，启蒙引导、习惯养成、兴趣激发是教学中的重要目标。在英语浸入式教学中，教师要在全英语环境下教授学科知识。在小学英语浸入式美术课程中，教师要通过英语讲授学习内容，引导学生学习美术知识，掌握绘画技能，提高审美情趣，这对教师而言无疑是非常大的挑战。如何在英语美术教学中使学生既习得语言知识，又完成美术学科教学任务和目标，是英语浸入式美术教师需要思考的问题。

一、分析学情

美术学科是小学阶段很受欢迎的学科，课堂绘画或手工创作都能展示学生个体独特的创造力。学生可以任凭自己想象的发挥，用自己的思想表达对世界的看法和喜好。

随着时代发展和课程改革的不断深入，以学生为主体的教与学已成为教学共识。要在美术学科教学中凸显学生的主体性，就必须了解学生的成长规律和内在需求。而在英语环境下教授美术，了解不同学段学生的心智发展特点尤为重要。一二年级的学生喜欢用图画表达自己的情感，课堂上听讲时间短，甚至有些学生还没有理解老师讲的内容，就开始动手进行创作，表达欲望较强。三四年级的学生养成了一定的听讲习惯，他们更愿意去了解教师讲授的内容，更愿意理解和掌握一些美术技巧，也会集中注意力观看老师的示范，这个学段的学生所呈现出的作品可分为临摹和创造两类。一些学生会按照教师的示范完成自己的作品，希望自己的作品和教师作品一样；一些学生依然喜欢发挥自己的想象，按照自己想法完成作品。五六年级的学生更愿意通过自己的作品来彰显个性和创造力，实践的意愿更为强烈。

二、认识学科

在浸入式教学中，很多学科教学由英语教师承担，美术学科也不例外。一些英语教师对美术教学的认知不够充分，认为小学美术就是简单地教学生作画，只要有绘画基础，就可以胜任。但在实际美术教学中，仅有绘画基础是远远不够的。因此，英语浸入式美术课堂很容易变成纯粹的英语活动。要想上好美术课，教师首先要了解美术学科的特点和教学目标。

（一）学科特点

小学美术教学是美育教育的重要途径，对提高学生的审美情趣、提升素质修养有着关键作用。美术学科内容涉及广泛，可以和其他学科融合。美术学科与学生实际生活联系紧密，课型分为造型、设计、欣赏、探索。每一学段都以注重发展学生审美感知和文化理解素养的“欣赏-评述”为起点，逐步向发展学生艺术表现和创新实践素养的“设计-应用”和加强课程内容、社会生活与学生经验之间联系的“综合-探索”过渡。在不同学段中，促进学生发展都是最终目的。

（二）课程总目标

承担美术教学就要清楚美术学科的教学目标是什么。教师要明确小学美术课程总目标，即学生以个人或者集体合作的方式参与各种美术活动，尝试各种工具材料和制作过程，学习美术欣赏和评述方法，丰富视觉触觉和审美经验，体验美术活动的乐趣，获得对美术学习的持久兴趣。此外，教师也必须了解美术学科的核心素养：图像识别、美术表现、审美判断、创意实践和文化理解。在每一节课的教学中，教师都需要将核心素养落实到课堂上。

《义务教育艺术课程标准（2022 年版）》强调美术学科培养学生审美能力的重要性，让学生学会观察、想象、表现，学会用自己所学的知识技能去美化生活、服务社会，只有体验美、感悟美，才能创造美。美术学科中的观察、表现在英语教学中同样重要，因此在全英语教学环境中，教师要引导学生通过观察直观的图形表现来猜测句子意义，将语言知识与学科知识有机结合，同时提升学生的语言与学科水平。

三、课堂教学

（一）备课

1. 总体规划，适当调整教材顺序

在以往的认识中，备课就是备教材，但在新课标的指导下和浸入式教学的要求下，仅仅备好教材是远远不够的，因为教材仅仅是学习课程的资源之一。因此，浸入式教师在拿到教材后，首先要对全册教材进行研读与分析，搞清楚一册教材中各个单元的顺序及单元课型，同时要结合英语课教学内容，找到可以相互融合的点。在找到融合点后，教师要适当调整教材原有的单元顺序，尽可能将美术单元内容和英语学习内容同步。在资源使用方面，教师可以将英语教材内容作为美术补充资源，提高学生在美术课堂上的专注度。教师要先对各个单元做一个学期规划，规划中尽可能将单元内容与英语学科教学内容及学校的常规活动相关联。将知识与实际生活相结合可以为学生构建真实的生活背景，激发学生的学习兴趣。例如，一年级学生英语词句积累少，注意力集中时间不长，教师可以将绘画和手工制作单元放在前面。三四年级学生有了一定的欣赏能力和审美能力，教师可以在单元备课时，适当加入一些对世界名作的讲解。五六年级学生积累了一定的语言知识和生活经验，教师可以融入一些和时代同步的作品，为学生的创造提供参考。

2. 教学设计的撰写

美术学科的教学设计体例和常规教学设计基本一致，其中重要的一项是教学目标。很多英语浸入式美术教师习惯将掌握生词作为首要目标，这样设计是不对的。教师应该按照美术学科核心素养目标确定单元目标，并以此为基础来设计重难点。当然，“生词”的确是一个难点，但在教学中，不能一味地将重点放在单词的讲解上，这样美术课就成了英语课，违背了浸入式学科教学的“习得”原则。除了学情分析、教材分析、教学目标、教

学重难点、教法、学法、媒体资源、教学过程和教学反思模块，浸入式美术课的教学设计体例还应增加美术材料一项，因为有些材料的单词意思和读音也需要教师查阅和准备。在撰写教学设计时，建议教师在教学过程的描述中，将教师活动与学生活动分为两栏，以表格形式来设计教学，这样能使教学活动设计更为清晰。

（二）课堂教学

1. 利用语言指令，培养规则意识

在美术课堂中，学生们往往会使用不同的美术材料，有时美术材料会成为学生的“玩具”，干扰正常的课堂教学。因此，教材应对材料包的管理制定合理的规则，在课堂上也要利用语言指令维护课堂秩序。这里介绍几个有效方法：

·课前：教师要使用一些简单指令引起学生的关注，提示学生进入听讲状态，如“Clap, clap, clap your hand. Down, down, sit down. Look at the teacher, be good one.”。教师可以通过全身反应法使学生自觉安静地进入听讲状态。当学生安静下来后，教师要检查学生桌上的美术材料与课本是否摆放整齐，这样做是为了培养学生良好的整理习惯。

·课中：在绘画和手工制作中，学生往往会相互讨论、借换材料。当课堂不能保持安静时，教师可用“be quiet”“do it by yourself”“don't talk”等简单指令，提醒学生保持安静。

·课后：美术课堂的一个重要环节就是作品展示和评价。这时，教师一定要提醒学生保持安静，认真观察作品再作出评价。教师可以提前做好一个醒目的“Show Time”卡片，学生看到卡片时，便自然安静下来。在下课前，教师一定要给出“Everybody, please tidy your bag, and keep your desk and floor clean. Don't leave anything behind.”等类似指令，提醒学生保持教室环境整洁。

2. 课堂教学的基本步骤

美术是一门独立的学科，但它可以很好地与其他学科融合。英语浸入式美术课堂教学的基本步骤是热身、导入、讲解、学生创作、作品、评价、美术物品整理。在热身环节，教师可采用全身反应法引起学生注意，同时检查学生物品摆放是否整齐。在导入环节，教师可引导学生认真观察实物图片，通过教师提问和学生提问，在引发学生思考的同时练习语言。讲解环节是解决重难点的环节，在讲解中会出现专业词语，学生可能不会马上理解，因此教师要借助实物、动作、媒体资源帮助学生理解。在这个阶段，重点是理解意义而不是拼读，不要将大量精力花费在词汇学习上。学生创作环节一般不少于20分钟，在学生创作中，教师尽可能不要干扰学生，不要一味地让学生模仿示范作品。这个阶段是学生想象力爆发和自我体验最强的阶段，教师应鼓励学生发挥创造力，可以通过巡视来帮助学生。在课堂教学中，教师可以利用学生已有的知识或生活经验，帮助学生理解美术中的生词。在日常教学中，不建议教师详细讲解英语生词，学生只需在美术语境中理解词语的意义即可。

四、板书

板书在教学中起着“点睛”的作用，它可以是教学设计的浓缩版。板书通常包括三大部分:课题、绘画制作的步骤和作品展示。英语浸入式美术课的板书与汉语美术课的板书设计略有不同。在板书设计中,教师要注意留有“word bank”一块,专门用于对与主题相关的专业术语的教学。长期固定板书布局也有助于学生自主记忆本单元的新单词。

五、教学评价

美术教学中的评价一般分为课堂评价和课后作品评价。在英语环境下,学生的语言水平有限,教师在评价作品时要在美术欣赏方面多一点语言输出,帮助学生积累词汇,提高美术鉴赏能力。

六、教师自我提升

浸入式学科教学在多年的实践中,已取得瞩目的成绩。在实践教学中,教师要不断学习本学科的专业技能,这样才能更好地实现学科教学目标。小学英语浸入式美术教师首先要提高自己的绘画能力,简笔画技能是必须要掌握的,除此之外还要学习素描、水粉、油画等,对剪纸、拓片、书法等传统的民间手工技艺也要有所了解。在教学中,教师还可请校外的民间艺人进入课堂,对传统民间手工技艺进行现场展示和指导。

除了借助外部资源来补充课堂,教师还需要随时与学校同组教师进行沟通,了解其他学科的教学进度,同步作好学科融合。例如,二年级数学有图形单元,美术教师可以和数学老师同时开展图形设计,让学生学以致用。语文、英语学科都有关于风筝的内容,美术课也可以与语文、英语同步,设计、制作风筝,这样不仅能自然做到学科融合,也可以在真实情境中提升学生的学科素养。

浸入式美术学科教学是一种创新,教师应在实践中不断总结教学经验,提升教学质量,有效助力学生健康、全面成长。

小学英语拼读法教学策略

一、绪论

《普通高中英语课程标准(2017 年版 2020 年修订)》语音知识部分指出,语音和语义密不可分,语言依靠语音实现其社会交际功能。在一些小学,学生学习英语词汇时仍以跟读及机械背诵单个字母的方式拼读、拼写单词,教师通常直接用汉语解释英语单词,不注重应用多渠道释义方式帮助小学生自主理解英语词义、认知词汇,从而使学生在自主阅读方面产生困难。教师通常让学生以机械背诵的方式"说"英语,不注重培养学生运用英语进行表达的能力,这样的教学模式也难以实现学生核心素养的发展。词汇学习是语言学习的根基,词汇解码、编码与意义理解是阅读的关键。2005 年,华南师范大学教育科学学院强海燕教授发起了小学英语浸入式课题项目的另一项研究——小学英语拼读法(Phonics)有效性实验。该实验证明,明确、系统的拼读法教学能够帮助小学生运用英语语音的基本知识自主学习词汇,从而发展语篇阅读能力,最终实现学习能力、文化意识与思维品质的全面提升。基于上述背景,本文从语音教学策略和方法的角度对小学英语拼读法教学策略进行探讨,以期对小学阶段的语音教学理论和教学实践提供可借鉴之处。

二、文献综述

语音意识技能指的是将口头语言分解成更小的部分的能力,例如将语言拆解为词、音节、音素[1]。语音意识是人们对构成英语单词的音素(即音图在单词中读音)产生的一种意识[2]。刘满菇、黄丽燕认为,语音意识是确认单词发音结构的能力,包括能确认出单词的整体发音中具体包含哪些音素,以及每个音素来自什么样的字母或字母组合[3]。拼读法能帮助人们了解字母或字母组合(音图)与其读音之间的关系或规律,是"音形对应关系"的一种教学法。拼读法教学帮助英语初学者认识字母(或字母组合)与其在单词中的发音之间的关系和规律,是一种阅读教学方法[4],阅读者能够通过学习字

---

〔1〕 CHAN C K K, RAO N. Revisiting the Chinese learner: changing contexts, changing education [M]. Hong Kong/Dordrecht, NL: Comparative Education Research Centre, The University of Hong Kong & Springer,2009.

〔2〕 何花．英语 PHONICS 概述[M] //强海燕，徐建国．小学英语教师培训指南．西安:陕西人民教育出版社，2006：11－18.

〔3〕 刘满菇,黄丽燕。英语拼读法对小学生英语拼读能力的影响[J]. 山东师范大学外国语学院学报(基础英语教育)，2014,16(6)：8－13.

〔4〕 康叶钦．系统的拼读法(Phonics)教学及启示[M] //赵微,段亚绒．"教英语 "与"用英语教 "外语教学改革与创新．西安:陕西师范大学出版总社，2012：106－110.

母读音和字母组合方式来阅读、拼音和拼写单词[1]。需要注意的是，拼读法不仅仅是教英语的发音，不能等同于语音课，它的作用远大于音标教学。拼读法能帮助学习者建立“形-音”对应意识，掌握“形-音”对应规则，从而保证单词阅读速度，帮助学习者记忆拼写[2]。

三、教学策略

（一）语音意识

拼读法最重要的核心是培养学生的语音意识，即建立形与音的联系，让学生知道单词的形是由发音构成的。强海燕教授曾指出拼读法教学有两个功能，一是建立音形对应规律，二是培养语音意识。前者是指学生掌握了音形对应关系，就能做到见词能读；后者意味着只要形成良好的语音意识就能做到听音能写。语音意识能使学习者增强语感，对语言学习至关重要。

1. 语音意识的作用

语音意识能够促进单词读写的能力，一个具有语音意识的学生能更容易认识到书写符号和口语语音之间的规律，有较强的文字辨识能力。此外，语音意识可以使学生进行有效的语音分解与合成，建立书面语和口语的对应关系，提高单词识别的速度和自动化程度[3]。例如单词 lip 与/l/、/ɪ/、/p/音素对应，而 book 发音与字母并无一一对应关系，是由/b/、/ʊ/、/k/三个音素组成的，不是四个字母“b－o－o－k”的组合。

语音意识还能影响阅读能力。根据美国国家阅读研究小组（National Reading Panel）于 2000 年发布的官方书面报告，儿童阅读能力的培养系统由语音意识（Phonemic Awareness）、拼读（Phonics）、流畅度（Fluency）、词汇量（Vocabulary）和理解（Comprehension）组成[4]。语音意识的培养是解码能力和阅读能力提升的基础。相关研究表明，语音意识的音素分解与合成技能，是阅读学习获得成功的先决条件。目前影响广泛的语音意识培养模式是词汇阅读四阶段模式[5]，它能够帮助学生熟练地进行外语阅读。强海燕教授根据我国教学实际，将四阶段总结如下：

- 字母无知阶段：学生通过记忆词的视觉特征或根据情景猜测来读词。
- 字母半识阶段：学生根据单词的首字母发音，结合语境猜测不熟悉的单词的词义。

---

[1] LAU B P H. Phonics rules[M] //强海燕，徐建国．小学英语教师培训指南．西安：陕西人民教育出版社，2006：150－155.

[2] 易焱．第三届中国少年儿童认知发展与二语习得论坛专题报告：阅读发展阶段理论和二语阅读研究对中国儿童英语教学的一些启示[R]．北京，2021.

[3] 康叶钦，梁志喜．Phonics 教学中英语语音意识的培养[J]．宁夏教育，2010（4）：47－48.

[4] National Institute of Child Health and Human Development. Report of the National Reading Panel：Teaching children to read—an evidence based assessment of the scientific research literature on reading and its implications for reading instruction[R]. Washington，DC，2000.

[5] EHRI L C. Phases of development in learning to read words[M]//OAKHILL J，BEARD R. Reading development and the teaching of reading：a psychological perspective. Oxford，UK：Blackwell Publishers，1999：79－108.

·字母全识阶段:阅读者具有大量的关于字形系统的工作知识,并能使用该知识分析词汇中字素和音素之间的联系。他们能够解码不熟悉的词并在记忆中储存被分析的常见词。

·字母巩固阶段:学生巩固"语素-音素"学习,形成大的单位知识,并应用于不同的单词学习。

在 CCUEI 项目中,一些实验小学的学生不能自主朗读单词,发音学习基本依靠老师的带读,单词的拼写靠机械性地逐个字母背诵,这导致学生的阅读能力低下。因此,若要将拼读法有效应用于教学,应先培养学生的语音意识。

2. 培养语音意识的方法

音素是某一种语言的语音体系中最小的单位,具有表示两词之间的词义差异的能力。英语的音素可分为元音音素和辅音音素。音素的听辨是指听到一个单词时可以辨出这个单词由几个音素构成。首音指单词的第一个发音;中音指单词中间部分的发音;尾音指单词结尾的发音。例如,教师拼读 big,学生能找出相应的字母卡 b、i、g,这表明学生可以听辨出这个单词由/b/、/ɪ/、/g/三个音素构成。教师还可用手在胳膊上做切分动作,分音素读出并切分首音、中音、尾音,学生自主合并三个音素,拼读出完整的单词 big。教师也可以通过猜谜的方式让学生进行首音、中音或尾音音素的替换,比如询问学生"What rhymes with (big) and starts with /p/?",达到举一反三的效果。

音节是指一个单词被划分成的任一单位,包含一个元音及一个或多个辅音。一般来说,单词中有几个元音音素就有几个音节。但是,单词中有成音节时,此规则不适用。成音节是指一个辅音音素加上一个/l/或/n/构成的音节,读音中没有元音音素,如 little 和 happen 的第二个音节分别为/tl/和/pn/。数音节时应注意成音节的存在。在实际教学中,教师与学生一同朗读儿歌时,可拍手示意单词音节个数,例如,在朗读"Can you fly like a swallow? Yes, I can. I can fly like a swallow."时,swallow 有两个音节,教师要带领学生拍两次手。

(二)系统的拼读法教学

系统的拼读法教学包含两个关键因素:第一,要包含一整套音形对应关系,并形成系统的教学体系。有些系统的拼读法项目还使用受限词汇(controlled vocabulary,即将词汇局限于所学的音形对应关系的范围)或可解码的课文(decodable text, 即课文中的单词含有所学音形对应关系),提供相应的音形对应关系练习。第二,要按照一定的顺序教授音形对应关系,训练学生的拼读能力。教师可先教学生字母读音,然后让学生用所学的音形对应关系练习拼读单词。

(三)语音拼读方法

1. 综合式拼读法

综合式拼读法教学采用"部分-整体"的方法,从音素开始,按一定顺序系统地教授字母(或字母组合)的读音、名称音和音素,然后让学生利用所学音素拼读单词[1]。此外,学生还应学会切分一个单词的首音、中音、尾音,并以此来拼写单词。例如,当学生学会二十六个字母的读音后,可以自主连接音素拼读"s-i-t"并根据切分音素进行拼写。

2. 分析式拼读法

分析式拼读法教学采用"整体-部分"的方法[2],从单词入手,让学生分析并掌握音形对应关系,从而学会拼读与拼写。例如,教师可配图出示 pencil、pencil box、purple crayon,并用红色标注首字母 p,以引起学生注意。教师首先让学生跟读单词或词组,再启发学生思考,分析每个单词或词组前首字母 p 在单词中的读音,进而让学生可以根据分析得来的结果学会拼写 pen。

3. 类推式拼读法

类推式拼读法是让学生通过已经认识的书面单词的"部分"来识别新单词[3]。例如,当学生已学会 thirteen、fourteen、fifteen 时,教师可引导学生自主应用尾音"teen /tiːn/"拼读或拼写 sixteen、seventeen、eighteen、nineteen。

四、语音拼读法教学设计

(一)逆向教学设计

威金斯与麦克泰格在反思传统教学不足的基础上提出了逆向教学设计(Backward Design)理论[4]。逆向教学设计分为三个阶段[5]:

- 确定预期教学目标;
- 确定合适的评估证据;
- 围绕教学目标设计教学活动。

笔者将威金斯与麦克泰格的逆向设计三阶段模板与拼读法教学相结合,设计了适用于拼读法教学操作的教学模板:

---

[1] 康叶钦. 系统的拼读法(Phonics)教学及启示[M] //赵微,段亚绒. "教英语"与"用英语教"外语教学改革与创新. 西安:陕西师范大学出版总社, 2012: 106-110.

[2] 康叶钦. 系统的拼读法(Phonics)教学及启示[M] //赵微,段亚绒. "教英语"与"用英语教"外语教学改革与创新. 西安:陕西师范大学出版总社, 2012: 106-110.

[3] NSW Department of Education and Training. Literacy teaching guide: phonics [M]. Sydney: NSW Department of Education and Training, 2009

[4] WIGGINS G, MCTIGHE J. Understanding by design[M]. 2nd ed. Alexandria, VA: ASCD, 2005.

[5] 威金斯,麦克泰格. 追求理解的教学设计(第二版)[M]. 闫寒冰,宋雪莲,赖平,译. 上海:华东师范大学出版社, 2017.

Stage 1. Objectives
Students can decode the words: ______________________________.   Students can encode the words: ______________________________.   Students can identify and understand the meanings of the new words: ____   Students can apply their decoding knowledge to infer/understand the main ideas of the text by themselves.   Students can apply/transfer their learning to do something based on the contexts.
Stage 2. Tasks and Assessments
◆ Tasks   Students can sound out the words: ______________________________   Students can spell the words: ______________________________   Students can do something as a result of such knowledge.   Students can read and build a text based on the context.   Students can apply/transfer their learning to do something based on the contexts.   ◆ Assessments   Self-assessments/Pair-assessments/Group-assessments/Class-assessments   I/We/She/He/They can ...
Stage 3. Design
1st Period: Warm-up ________ minutes   Hook all students and hold their interest, introduce the topic.   **2nd Period: Modelled teaching** ________ minutes   In modelled teaching, the teacher explicitly and directly teaches new phonics skills and concepts based on a planned, systematic sequence for teaching phonics. The teacher leads, demonstrates, models and explains the phonics skill to be learned and thinks aloud the learning processes involved. The teacher activates prior phonics knowledge, introduces new phonics terminology, builds on known understandings about phonics, and scaffolds students in concrete and visible ways.   Teacher provides students opportunities to reflect upon and assess in order to improve their learning and essential life skills.   **3rd Period: Guided teaching** ________ minutes   In guided teaching, the teacher still operates in a planned and systematic way but allows students more control. The literacy interactions are focused on the new phonics learning introduced during modelled teaching. As needed, the teacher provides explicit explanation, scaffolds students with just enough support to succeed, corrects errors and provides feedback. The students are more actively involved and hands on with their phonics learning, talking about, demonstrating, organising, practising and applying what they know and can do.

Teacher helps students experience the key knowledge, "i+1" knowledge within the authentic context, and develop deep understanding.

Teacher provides students opportunities to reflect upon and assess in order to improve their learning and essential life skills.

4th Period: Task(s) and assessments ________ minutes

In independent teaching, the teacher has made a decision that students are ready to apply their phonics learning independently. The teacher knows the phonics skills he or she wants students to demonstrate as a result of the modelled and guided teaching. As needed, the teacher provides differentiated tasks and increased opportunities for student self-direction and selfmonitoring. Students take more control, demonstrating, practising, applying and reflecting on their phonics learning. Students show they can transfer their phonics learning to other situations and contexts.

Teacher helps students learn incidentally and develop the abilities of using/applying their learning to a new and authentic situation to transfer their learning. Teacher helps improve students' key competencies within the authentic context. Teacher provides students opportunities to reflect upon and assess in order to improve their learning and essential life skills.

5th Period: Reflections and homework ________ minutes

Teacher provides students opportunities to reflect, to explore the relevant knowledge and to use their learning.

小学英语浸入式课堂的拼读法教学可遵循逆向设计理念，从结果出发，围绕任务与评价逆向设计教学，以三阶段模板为载体，使教师内化教学目标，让学生明确学习目标及学习重难点。

2009 年，笔者与陕西师范大学外国语学院英语教学专家兰军讲师合作编写了小学英语浸入式系统语音拼读法教材《轻轻松松读英语》。该语音系列教材的编排较为系统化，能够帮助学生循序渐进地培养语音意识，有效掌握语音拼读法规则。教材的教学重点在于发音和音图之间的关系，强调意义为导向，力求提高学生的阅读能力及听、说、读、写的语言综合运用能力。下文将以这套书中的内容为例，具体展示逆向教学设计拼读法在教学中的应用。

教学课例一 《轻轻松松读英语 Phonics 1》第十一课字母 k 的拼读法教学

Stage 1. Objectives
Students can decode the sound of letter "k" words. Students can encode the sound of letter "k" words. Students can identify and understand the meanings of the new words: kid, kitten, cook, milk, kitchen, kind, like, make, keep. Students can apply their decoding knowledge to infer/understand the main ideas of the text by themselves. Students can experience and interpret how to be good friends with pets basing on their real life.

Stage 2. Tasks and Assessments
◆ Tasks Students can sound out the sound of letter "k" words: kid, kitten, cook, milk, kitchen, kind, like. Students can spell the sound of letter "k" words: kid, kitten, milk, kitchen, make, keep. Students can read the sentences. Students can match the pictures to the relevant words. Students can read and build a text basing on the context. Students can design a friend of kittens. Students can reflect and clarify how to make good friends with their kittens/how to keep old friends with their kittens. ◆ Assessments Self-assessments: ☺ I can sound out the sound of "k" words. ☺ I can spell the sound of "k" words. ☺ I can understand the meanings of the sound of "k" words: kid, milk, kitten, kitchen. Class-assessments: ☺ We can sound out the sound of "k" words. ☺ We can make a new text and guess the main ideas of the text. ☺ We can read the text and understand the main ideas of the text. Group-assessments: ☺ We can spell the sound of "k" word: make/kitten. ☺ We can have one of the characters/morals that makes a good friend with kittens. ☺ We can have two of the characters/morals that make a good friend with kittens. ☺ We can have three of the characters/morals that make a good friend with kittens. ☺ We can have four of the characters/morals that make a good friend with kittens. Class-assessments: ☺ They can sound out the "k" words "make/keep" and understand the meanings of these two words. ☺ They can talk about the name of the kitten. ☺ They can talk about their characters/morals. ☺ They can talk about their hobbies. ☺ They can talk about other related things.
Stage 3. Design
1st Period: Warm-up (2 - 3 minutes) Students sing the alphabet song together.

2nd Period: Modelled teaching (10 minutes)

Students learn the sound of letter "k" words.

Students understand the meaning of the new words through pictures and contexts.

Teacher helps students review the sound of letter "e" words with "I spy" activity.

Teacher sounds out the sound of letter "k" words. Four of the students come to the front, and click on the right picture that is linking to the relevant word and sentence page on the screen. Then they try to sound out the sound of letter "k" words and read the sentences by themselves.

Students spell the sound of letter "k" words on their worksheets and match the pictures to the relevant words.

Self-assessments

☺ I can sound out the sound of "k" words.

☺ I can spell the sound of "k" words.

☺ I can understand the meanings of the sound of "k" words: kid, milk, kitten, kitchen.

3rd Period: Guided teaching (10 minutes)

Students learn the text by themselves.

Teacher builds up the background knowledge by asking some questions: "Look at the boy, what's his name? Look at the cat ,what's his name? Do you have a cat? Are you good friends? Why? The boy and the cat are in the kitchen. What does the cat like to do? What does the boy like to do?"

Students read and fill in the blanks in order to sound out the sound of letter "k" words and make their own story by themselves based on the contexts:

Kim is a _id.

He is ________.

Kit is a _itten.

He is ________, too.

The _itten li**k**es to drin**k** mil_.

Kim li**k**es to ________ in the _itchen.

Kim and **K**it are good ____________.

The students read the whole story by themselves.

Kim is a **k**id.

He is **k**ind.

Kit is a **k**itten.

He is **k**ind, too.

The kitten li**k**es to drin**k** milk.

Kim li**k**es to coo**k** in the **k**itchen.

Kim and **K**it are good friends.

Teacher introduces the key languages. Teacher chooses some of the students to be the little teachers/question-kids. The question-kids try to ask some questions by themselves. The other students on their seats try to answer the questions with chunks and check their understandings.

Questions:

Kim and Kit are good friends.

[What's Kim like]? [He is]...

[What's Kit like]? [The kitten is]...

[What does Kit like to ...]? [Kit likes to ...]

[What does Kim like to ...]? [Kim likes to ...]

Class-assessments:

☺ We can sound out the sound of "k" words.

☺ We can make a new text and infer the main ideas of the text.

☺ We can read the text and understand the main ideas of the text.

4th Period: Task(s) and assessments (15 minutes)

Task 1:

Students spell the sound of "k" words on their words-sheet: make/kitten

Students discuss in groups and learn by themselves: What makes a good friend with kittens?

Students share their ideas in groups.

What ma_es a good friend with _ittens?

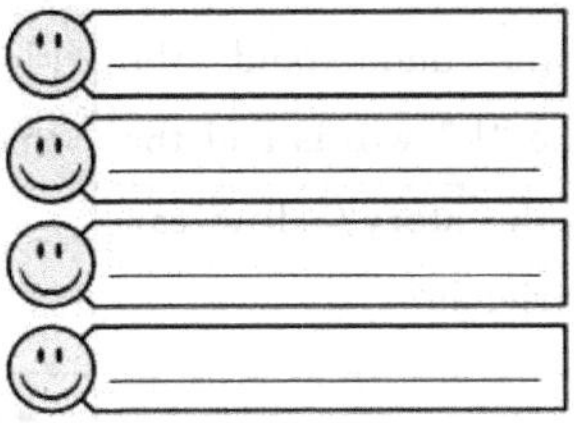

Group-assessments:

☺ We can spell the sound of letter "k" word: make/kitten.

☺ We can have one of the characters/morals that makes a good friend with kittens.

☺ We can have two of the characters/morals that make a good friend with kittens.

☺ We can have three of the characters/morals that make a good friend with kittens.

☺ We can have four of the characters/morals that make a good friend with kittens.

Task 2:

Students choose one of the topics, then discuss/create new stories in groups.

Ma_e good friends with the _itten

_eep old friends with the _itten

Students in groups tell their stories in the front.

Class-assessments:

☺ They can sound out the "k" words "make/keep" and understand the meanings of these two words.

☺ They can talk about the kitten's name.

☺ They can talk about their characters/morals.

☺ They can talk about their hobbies.

☺ They can talk about other related things.

5th Period: Reflections and homework (2-3 minutes)

Can you sound out and spell the "k" words?	How can you understand the meaning of the "k" words and the main idea of the story? How can you be pets' friends?	Please try to spell the "k" words and chant by yourselves.

教学课例二 《轻轻松松读英语 Phonics 2》第十二课"str"的语音拼读法教学

Stage 1. Objectives

Students can decode the words with consonant blend "str."

Students can encode the words with consonant blend "str."

Students can identify and understand the meanings of the new words: stripy, strawberry, stretch, stream, stride.

Students can apply their decoding knowledge to infer/understand the main ideas of the text by themselves.

Students can reason the knowledge of stripy animals by themselves.

Stage 2. Tasks and Assessments

◆ Tasks

Students can sound out the words with consonant blend "str" : stripy, strawberry, stretch, stream, stride.

Students can spell the words with consonant blend "str" : strawberry, stripy, stretch, stride.

Students can make sentences with the consonant blend "str" words.

Students can read and build a text basing on the context.

Students can provide more stripy animals and analyze the functions of the stripes in groups.

Students can compare the same/different characters of two stripy animals.

◆ Assessments

Self-assessments:

☺ I can sound out the consonant blend "str" words: stripy, strawberry, stretch, stream, stride.

☺ I can spell the consonant blend "str" words: strawberry, stripy, stretch, stride.

☺ I can understand the meanings of the new words: stripy, strawberry, stretch, stream, stride.

Class-assessments:

☺ We can sound out the "str" words.

☺ We can make a new text and infer the main ideas of the text.

☺ We can read the text and understand the main ideas of the text.

Pair-assessments:

☺ We can spell the consonant blend "str" words.

☺ We can provide one more stripy animal and write down the name.

☺ We can know the function of the stripes and write it down.

Class-assessments:

☺ They can introduce different characters of the two stripy animals.

They can introduce different hobbies of the two stripy animals.

They can introduce different behaviours of the two stripy animals.

☺ They can introduce same characters of the two stripy animals.

They can introduce same hobbies of the two stripy animals.

They can introduce same behaviours of the two stripy animals.

☺ They can introduce the functions of the body parts.

Stage 3. Design

1st Period: Warm-up (2 - 3 minutes)

Students sing the alphabet song together.

2nd Period: Modelled teaching (10 minutes)

Students learn the consonant blend "str" words.

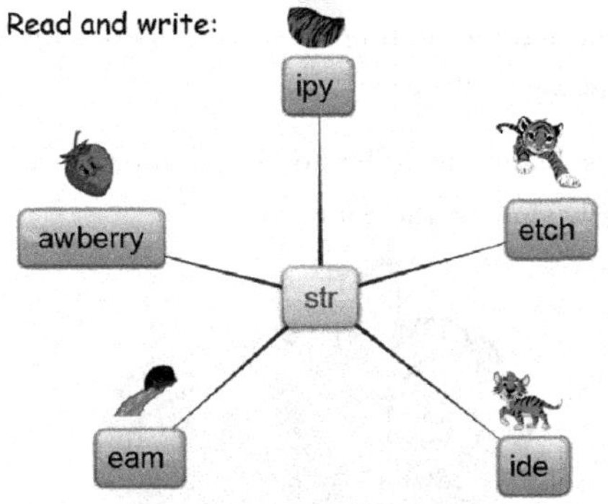

Teacher helps students review the 3 letters consonant blends: "scr," "spr," "str."

Students repeat and point to the 3 letters consonant blends on the wall/window/door.

Teacher calls out 2 students to come to the front. One of the students holds on the "str," the other holds on "eam." Teacher demonstrates how to blend the two parts of the word together. Students try to sound out the other consonant blend "str" words by themselves in groups: strawberry, stripy, stretch, stride.

Students make sentences with these "str" words in groups, in order to understand the meanings of the new words.

Students write the consonant blend "str" words on their worksheets.

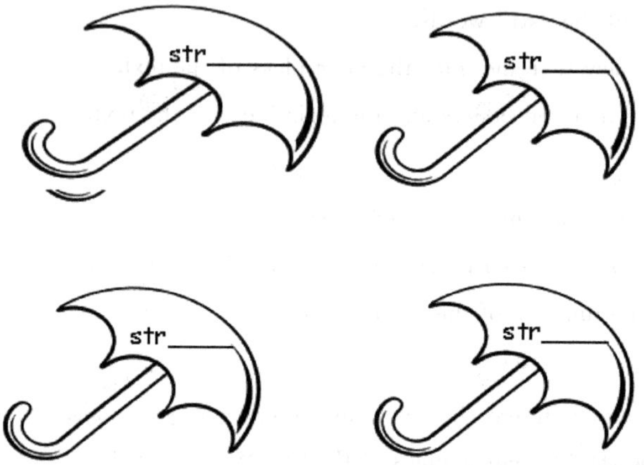

Self-assessments:

☺ I can sound out the consonant blend "str" words: stripy, strawberry, stretch, stream, stride.

☺ I can understand the meanings of the new words: stripy, strawberry, stretch, stream, stride.

☺ I can spell the consonant blend "str" words: strawberry, stripy, stretch, stride.

3rd Period: Guided teaching (10 minutes)

Students learn the text by themselves.

Teacher builds up the background knowledge: teacher and students ask and answer the questions interactively.

Questions:

What colour is a tiger? What's it on the fur? Why? One day, a little stripy tiger is in a strawberry garden. He is brown, black and pink. Why?

Students read and fill in the blanks in order to sound out the "str" consonant blend words and make their story by themselves basing on the contexts:

A ______ ipy tiger is in a ______ awberry garden. He wakes up, and he would like to ______ etch. He would like to ________________.

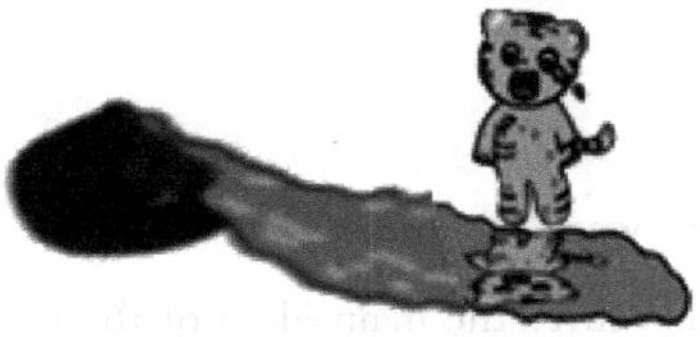

The ______ ipy tiger is near a ______ eam. He would like to ___________. He can see many spots on his fur. He is brown, black and pink. He is very sad, he would want to ____________.

The rain starts to fall. He is wet and sad. His mother would like to ___________:"______ ipy tiger, ______________________?" The ______ ipy tiger answers: "I am brown, black and pink." His mother laughs:

"The rain can help you clean your body. Look, no pink colours are on your body."

The students read the whole story by themselves:

A **str**ipy tiger is in a **str**awberry garden. He wakes up, he would like to **str**etch. He would like to eat some **str**awberries.

The **str**ipy tiger is near a **str**eam. He would like to look in the **str**eam. He can see many spots on his fur. He is brown, black and pink. He is very sad, he would want to **str**ide back home.

The rain starts to fall. He is wet and sad. His mother would like to ask: "**Str**ipy tiger, why are you so sad?" The **str**ipy tiger answers: "I am brown, black and pink." His mother laughs: "The rain can help you clean your body. Look, no pink colours are on your body."

Teacher introduces the key languages. Teacher chooses some of the students to be the little teachers/question-kids. The question-kids try to ask some questions by themselves. The other students on their seats try to answer the questions with chunks and check their understandings.

Questions:

Look at the stripy tiger. He is in a strawberry garden.

What would the stripy tiger like to ...?

The stripy tiger would like to ...

Look, the stripy tiger is near a stream.

What would the stripy tiger want to ...?

He would want to ...

Look, the stripy tiger is at home, he is wet and sad.

What would his mother like to . . . ?

She would like to . . .

Class-assessments:

☺ We can sound out the "str" words.

☺ We can make a new text and infer the main ideas of the text.

☺ We can read the text and understand the main ideas of the text.

4th Period: Task(s) and assessments (15 minutes)

Task 1:

Students can provide one more stripy animal and analyse the function of the stripes in groups.

Students spell the consonant blend "str" words.

Students work in pairs and learn by themselves: students write down the name of the stripy animals and the functions of the stripes by themselves.

The __ pes can help ________.

· __ ipy ________

Pair-assessments:

☺ We can spell the consonant blend "str" words.

☺ We can provide one more stripy animal and write down the name.

☺ We can know the function of the stripes and write it down.

Task 2:

Students create their new stories in pairs, then tell their stories in the front.

Stripy Tiger

Both

__ ipy __

Class-assessments:

☺ They can introduce different characters of the two stripy animals.
They can introduce different hobbies of the two stripy animals.
They can introduce different behaviours of the two stripy animals.

☺ They can introduce same characters of the two stripy animals.
They can introduce same hobbies of the two stripy animals.
They can introduce same behaviours of the two stripy animals.

☺ They can introduce the functions of the body parts.

5th Period: Reflections and homework (2－3 minutes)

Can you sound out and spell the "str" words?	How can you understand the meaning of the "str" words and the main idea of the story?	Can you learn more "str" words by yourselves? What are they? Please try to make a new story using these "str" words.
		◇ My "str"words: ◇ My story:

逆向设计第一阶段是设定教学目标。设定目标时要注意以学生为主体，应用可拼读、拼写、确认、应用与迁移等可测的行为动词进行描述，并涵盖学生做任务的条件及程度。例如：学生能够应用解码知识自主推测/理解课文大意。各项目标的表述也要注意体现英语学习活动观的"学习理解""应用实践""迁移创新"三个层次，由低阶思维至高阶思维以任务的方式分层表述。语音拼读法目标应包括拼读解码、拼写编码、词义理解、阅读应用及语用迁移。此阶段可帮助教师深入思考并内化教学目标，从而围绕目标进行有效教学。

逆向设计第二阶段是确定任务与评价。逆向设计要求教师在开始设计一个单元或课程的时候，就要通过评估证据将内容标准或学习目标具体化。任务要清晰表述学生需要做的具体的、可操作的事情，与课时目标相对应，评价要与任务相对应，以帮助学生达成目标。教学案例一与案例二中的目标、任务与评价都能互相对应。目标即任务，任务后的连续性评价帮助教师评定学生是否达成目标。

逆向设计第三阶段是围绕阶段一设定的目标与阶段二确定的任务与评价设计具体的语音拼读法课时教学过程。教学过程即是学生做任务的过程，课堂教学要围绕目标、任务与评价进行，可细分为热身、示范教学、指导教学、任务与评价、反思与作业五个阶段。热身时段可通过唱歌或齐读儿歌等方式激发学生的学习兴趣。在示范教学阶段，教师要明确教学内容，可使用分析式或综合式等拼读法培养学生的音形对应意识，应用图片、句子释义或造句等多元释义法帮助学生理解词义，或让学生用自主学习、合作互学等方式完成拼读(写)目标词汇、理解词义等任务。教师要及时围绕目标对学生进行评价。在指导教学阶段，学生应用本课新学的解码知识自主拼读本课限制词，通过填空等方式建构课文、预测大意。学习课文后，学生之间可用合作学习的方式练习目标词汇与句型。此阶段同样包括及时评价，督促学生检查自己是否能够应用解码知识自主阅读课文，预测以及理解课文大意。在任务与评价阶段，学生要将语音学习迁移到真实的语境和语用任务中。学生通过小组合作完成课例一、课例二的任务，再次巩固词义，练习解码编码的技能，并在与生活相关的真实语境中自主应用学到的知识。评价标准要对应课时多元目标与任务设计，课后教师可根据学生完成任务的实情进一步修改评价标准。评价主要检测目标的达成情况，可使教师获得学生达成阶段目标的证据。学生自评与互评相结合，可使学生更加关注目标，提高完成任务的主动性，督促学生在学习过程中及时进行反思、改进或拓展。在反思与作业阶段，学生可通过课后练习了解自己的学情，反思并改进不足，从而取得进步。

五、小结

一般而言，小学二年级是开始学习拼读法的最佳时间。经过一年的学习，二年级的学生已经具备一定的英语听、说、读、写能力，且已完成汉语拼音的学习。教师可以有效利用汉语拼音的正迁移作用培养学生的语音意识，从而提高英语拼读能力。国内外相关领域的研究表明，儿童识字不是自然发生的。类似汉语拼音学习，学生不会自主生成语音意识，教师需要从字母“形-音”对应开始，应用综合式拼读法、分析式拼读法及类推式拼读法，教授学生分音素或分音节拼读、拼写的技能。在启蒙拼读阶段，教师也要注意帮助学生慢速、准确地发音。通过观察学习《轻轻松松读英语》系统拼读法语音教材的学生，笔者发现语音意识并不会随着学生年龄的增长而发展，因此教师需要在语音拼读法课程中教授拼读法规则，在非语音英语课程的单词教学环节中也要见缝插针地培养学生的语音意识，长期持续的教学能够帮助学生打下扎实的基础，发展见词能读、听音能写的技能，进而提高句子与篇章的阅读能力，以及听、说、读、写的综合能力。

学习一个单词，要学会自主拼读、拼写单词，要理解单词的词义。在小学英语浸入式课堂教学中，教师要注意多选择单音节或稍高于小学生现有水平的双音节学科类单词，帮助学生根据“音形对应”的语音知识自主学习单词，同时发展阅读技能和理解能力。教师还应将意义的理解与技能的训练相整合，运用合适的教学策略，帮助学生应用词块或句法结构尝试自主输出语言，提高学生的英语综合语用能力。

English Immersion Physical Education Teaching

A. Introduction

The goal of this article will be to answer the question of "Why" physical education classes are an essential component of a strong immersion program. Section A is a brief introduction. Section B provides the evidence-based research that supports contemporary pedagogy and provides practical examples of how the research can be put into practice. Section C highlights some of the challenges for immersion PE teachers. Sections D and E focus on specific teaching strategies that will help the immersion teachers move from the goal of teaching and assessing sport skill-based activities and the development of critical thinking skills using authentic language in a meaningful manner. Section F focuses on the importance and specific use of games in a primary physical education program. Section G discusses the challenges that teachers may face when implementing contemporary pedagogy and addressing current curricular outcomes and issues in today's society. The article also provides two case studies that illustrate how it is possible to seamlessly combine primary school PE lessons and the new teaching curriculum for immersion teachers in China, using evidence-based research strategies.

Physical education has the potential to have benefits to generate different education outcomes for students across a range of domains, not only the physical one but also social, personal, and cognitive ones.

For example, physical education in school has the ability to develop

- motor and sport specific skills;
- fitness and an active lifestyle; and
- develop cognitive, social and emotional skills.

In addition, physical education has been strongly linked to the improvement of second language acquisition. In a 2017 research study, Perez-Canado argued that PE was undervalued when developing lesson plans and an opportunity to develop important language, higher-level thinking and interpersonal skills that were often lost. This article aims to answer the question of why it is important for immersion teachers to teach PE using in a teaching style that encourages student participation and develops critical thinking and social/emotional skills.

B. Why to use contemporary physical education pedagogy?

Contemporary physical education pedagogy

Physical education can be defined as "education through movement" and it serves a uniquely important role in educating the "whole child." Physical education has physicality at the core of learning environment; however it also supports growth in a multitude of other developmental areas beyond physical skills. Contemporary pedagogy philosophy focuses on how the individual builds their understanding of movement, rather than experts imparting it to them. Dialogue is now the foundation of teaching and learning strategies, in a back and forth direction, rather than copying or repetition as students practice and apply skills to activities.

A new mutually respectful relationship between teachers and students encourages students to share their ideas and teachers to share their thinking. Teachers seek students' points of view and their answers to set problems to be solved. Teachers can foster a stronger connection with students by, for example, calling students by name, making eye-contact, smiling, using humor, listening to and acknowledging students and their ideas, and offering praise[1]. As a result, today's physical education classrooms look different. Students can be found working alone, collaborating in small groups, solving problems with partners, being active by exploring movement sequences, and expressing the joy that learning can bring. Physical education activities are inclusive rather than exclusive, and instruction is designed to appeal to all students not just the top players.

Physical education has been identified as both part of the problem and solution for addressing children's levels of physical activity. Becoming "physically educated" targets many important learning domains within the contemporary physical education classroom:

- Physical
- Psychomotor
- Cognitive
- Social-emotional
- Affective (self-expression)

Contemporary physical education's main goal is to teach students to know and value the role of daily exercise and implement movement and motor skills by transferring them from one activity to another. Overall health and well-being has become a main focus and its aim is to improve the quality of one's life—from childhood through to adulthood—by

[1] MANDIGO J L, HOLT N L. Elementary students' accounts of optimal challenge in physical education[J]. Physical educator, 2006, 63: 170-183.

achieving a more active and healthy lifestyle. High levels of inactivity currently found in today's sedentary society, as a result of using the computer, phone, video games and TV, have shaped some of these educational reforms. New goals are now being implemented to address these serious health issues found in modern society. There is an emphasis toward inclusive physical education rather than a "one size fits all" approach.

"Students' experiences in physical education can influence the extent to which they choose to participate in physical activity beyond school and across their lifespan."[1] The new pedagogical approaches may require teachers to break through existing, long-held practices, adopt more effective models and acquire a different teaching style to meet the challenges of today's society and today's children. However, no matter what physical education teachers do and whatever the pedagogical foundations dictate, the goal is to always help students learn about moving their bodies and understanding how and why to do it well. Should physical education outcomes not be accomplished in PE classes, they most likely will not be realized elsewhere in the curriculum.

Contemporary physical education teaching methods

While learning to read, students interpret visuals presented to them through printed text. While learning to move in physical education, students interpret 3D actions presented to them through physical models and activities. It is a complicated process that demands carefully selected teaching methods. We now realize that long held methods of teacher-centered instruction only serve to educate a small portion of the student population. There are advantages to this style in that lessons are highly organized, students demonstrate unified responses, and lessons are efficient. However, for all students within a public educational environment, student-centered or use of combined methods have been proven to be more effective. In today's modern world where games typically are technologically based, these traditional methods are under scrutiny.

In contemporary student-centered methods, the teaching style is based on students' construction of knowledge involving exploration and higher level thinking skills. The teacher acts a guide who highly involves students, encouraging them to pursue their ideas, ask questions, reflecting on their thinking, and hypothesizing theories. Teachers guide students through individual-pursuits when planning PE units, prioritizing the personal relevance of students' learning, the quality of their social interaction and finding an appropriate level of challenge.

---

〔1〕 ENGSTROM L. Who is physically active? Cultural capital and sport participation from adolescence to middle age—a 38-year follow-up study[J]. Physical Education & Sport Pedagogy, 2008, 13(4): 313.

Aiming for higher levels of participation, learners are guided to know, understand and practice concepts at a deep level of thinking. Student-centered lessons may take more time to plan, initially, but advantages are that student involvement is much higher, reaping enormous rewards in all domains.

Lesson outcomes include developing social and cognitive skills and creating an environment that respects diversity and individualization. Students primarily work individually or in small groups, using cooperation and collaboration. Strategies such as discovery learning and divergent thinking are essential foundations. It is important for teachers to know how and why to vary their styles according to which style best suits which situation.

Figure 1 explains research on how students retain information, moving from teacher-centered to student-centered strategies.

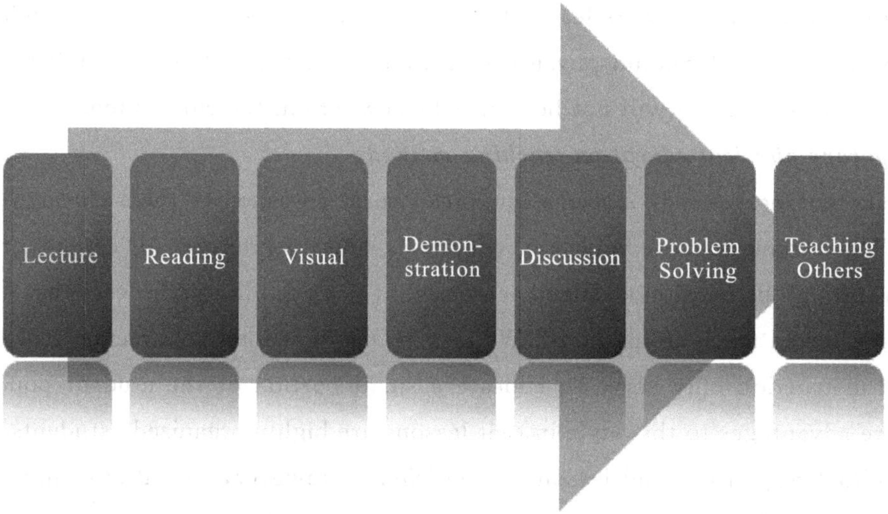

Figure 1. How students retain information

A landmark study recognized the main difference in teaching models based on teacher or student interactions and which one holds the responsibility for learning.

Style A: Command	Teacher-centered, didactic, whole group
Style B: Practice	Student-centered practice of prescribed tasks
Style C: Reciprocal	Working in pairs, one performs, one gives feedback
Style F: Guided Discovery	Student(s) solve tasks given
Style G: Divergent	Student(s) solve problems
Style H: Individual	Student(s) plan activity teacher sets

Teacher-centered teaching methods might best suit "physically talented" students who can quickly and confidently gain skills and knowledge and achieve success from their role models. Student-centered tasks enable all students to respond individually to open-ended tasks and explorations, with teacher support. For example:

Find 3 ways to balance at a lower level. How can you balance in a more stable way?

Following explorations, teachers debrief students' discoveries and ideas and provide additional information about the skills through student modeling or teacher demonstration. They compliment and honour their movements and ideas without comparison or judgment. Carefully selected teaching styles in PE can help children avoid feelings of comparison, embarrassment or failure. Research shows that failure experiences in PE can negatively affect a child for their lifetime and prevent them from participating in health and wellness activities as adults.

Physical education and skill acquisition learning

When a learner first practices a skill, they observe, think and apply their learning to the skill. Their actions are typically inconsistent and irregular but gradually with continued and variable practice in a variety of situations, their skills improve. If you remember how you first learned to ride a bike or throw a ball, your memories will help you remember the processes of learning a motor skill. First, you think about the skill and try it. Then, as you improve, you learn ways to refine it. Finally, when you perform the skill easily, you barely think about it. These three phases of learning skills are not sharply defined but they represent a continuum of learning and confidence levels. The phases are important for PE teachers to consider when they set expectations and plan practice activities. The following example illustrates these three stages of motor skill development.

Initial phase: *What is required?* Student is observing, thinking and trying the skill. They are sensing what the skill is all about and how to do it. **Intermediate phase**: *How can it be improved?* Student applies a more focused effort to refine movements combining aspects of the skill. The learner has a clearer picture of how to produce the skill. **Automatic phase**: *How can this be done easily and differently?* Student's accumulated practice enables them to perform it easily with minimum conscious effort, applying it to different situations. The skill looks and feels like the skill originally taught.

Physical education and primary learning

Learning through playing happens for young children . It has been said that "play is a child's work." Therefore, both structured and unstructured play-based activities have become foundational components of quality physical education teaching and an essential part of contemporary physical education pedagogy. As noted in the British Columbia (Canada) Primary Program document, currently used in schools, "3 principles of learning" are essential in today's teaching:

- Learning requires the active participation of the learner. Engagement in play, shared learning, enjoyment, and creativity should be given high priority.
- Children learn in a variety of ways and at different ways. Integration of open-ended activities allows for individualized learning, Learning is both an individual and group process.
- Learning should occur alone, in pairs and in small groups so allow for social and individual learning.

Young primary children learn best through creative exploration and discovery methods, both individually or in partners. They love to have conversations with each other as they construct knowledge but, generally, through parallel play. Children want to "have a voice" and have their ideas respected by and shared with other children. Older primary students' discussions often occur around problem solving, prediction, analysis, and other higher level thinking skills. Students are better prepared to work in groups but small numbers of two or three are still best when acquiring new skills.

Physical education and health ideology learning

The term "health" refers to the absence of disease or infirmity. However, we now know that it encompasses more than that. Mental and physical wellness and one's social well-being are essential components of overall health. Today's physical education ideology also promotes the overall health of the child, not just the acquisition of their skills. It is no longer a one-sided approach. The physical education curriculum can prepare our students to learn the basic skills in age-appropriate progressions and enjoy a wide variety of physical activities that contribute to health goals such as

- knowing the necessary concepts that to a healthy life;
- understanding the role of physical literacy in life-long learning;
- participating in vigorous physical activity at an early age;
- becoming exposed to a wide variety of activities and sports; and
- learning the motor skill components for future use.

Another goal is to understand the components of physical fitness in order to monitor and guide one's physical activities. They include

- cardiovascular endurance;
- muscular endurance;
- muscular strength;
- flexibility; and
- body composition (fat to muscle ratio).

Current widespread interest in physical activity is the result of people understanding the importance of achieving a work/life balance and acquiring a healthy lifestyle. Improving health through early learning plays an important role in overall public health.

C. Why is it important to focus on immersion in physical education classes?

Physical education classes are a valuable environment to meet the immersion classroom tenants out. These include

- a silent period when they listen to the frequency of language input through engaging activities;
- a high level of interaction and engagement in the use of English language activities;
- interactive conversation;
- working in small groups;
- keeping the task focused on the specific knowledge;
- the overall development of cognition and subject area knowledge; and
- focusing on strategies that address physical, cognitive, aesthetic, and socio-cultural skills competencies.

Physical education classes are also environments where English immersion teachers can integrate the four building blocks of language learning:

- Content (subject matter)
- Communication (language learning and using)
- Cognition (learning and thinking processes)
- Culture (developing intercultural understanding and global citizenship)

Physical education classes are environments where concrete and abstract language can be practiced in specific context. As early as 2011, Barbero hypothesized that when first being exposed to a new language vocabulary, the student could most efficiently learn the new vocabulary when there were activities that had focused on language or required limited use of language activities that could be performed in the given moment. Torres-Outón argued that the interactive, dynamic, and flexible character of physical education had a positive effect on the desire and need to communicate. Therefore, the transfer of expressive and receptive language learning in physical education classes occurs naturally. Learning the language through body movement (during classes based on sports activities) has a significant positive impact on the expressive and communicative ability of students in the target language, and some researchers have proved that being active and moving improves child's attention span and capitalizes on verbal, visual, and kinaesthetic language learning, especially in the elementary education stages.

Table 1 describes how the ideas highlighted above can be used in a basketball lesson to teach concrete language concepts. Once the teacher has decided on the lesson, the prompt could be oral with visual (with a picture prompt, oral or demonstration with an explanation).

Table 1. Using English immersion strategies in basketball lesson

Vocabulary	Prompt	Example
In front	Oral with visual	Stand **in front** of the basket.
Scored	Oral	A point is **scored** when the ball put in the basket.
Aim	Demonstration with explanation	Stand at here, put both hands on the basketball, and **aim** it above the basket.

Physical education classes are environments where higher-level thinking can occur if there is opportunity for students to joint problem-solving, regardless of the level of understanding of the foreign language. A related example can be found in a lesson that involves balance (see table 2). It is important to remember that as learners are getting used to the English language, the role of the teacher is to scaffold by first modelling the questions for the students.

Table 2. Using English immersion strategies in balance lesson

Types of cognitive skill	Types of question	Examples
Remembering	What is it? Tell me ...	What am I doing? Tell me how many body parts I am balancing? Which ones?
Understanding	Explain why ... What must I do to ...	Explain why you keep your eyes on a target when you balance on your head. What must I do to balance the beanbag on my head?
Applying	Show ...	Show us how you can balance on your two elbows and two knees. Show us how you can put the beanbag on your head and walk between the lines.
Analyzing	How is this different from ... Analyze ...	What is the difference between standing with a beanbag on my head and standing with a beanbag on my elbow? Is my balance good or bad? Why?
Evaluating	What should I have done ... Is it better ...	What should I have done to keep my balance? Is it more stable to balance on one point or two?
Predicting	What would happen if ...	What would happen if I jumped up and down with a beanbag on my head?

Some researchers reported that when PE classes were created using the concepts outlined above, there were positive changes in social relationships and emotional growth and language acquisition as reported by the teachers and the students. For example, one student stated:

"Speaking in English in the lessons helped us to be more attentive with our classmates. If you were able to understand the instructions, you were actively involved in helping the rest of the students."

Teachers reported that by using the principles outlined above created the social emotional growth. For example, one teacher stated:

"I believe that showing a weakness and sharing it with your classmates, being conscious of the fact that we are more similar than we had thought, being aware of our sameness ... Sharing all these feelings generates an emotional atmosphere that truly promotes learning with the other."

Another teacher stated:

"There is more collaboration among students, of course."

While it may be challenging for every immersion PE teacher to incorporate all of these ideas into every class, many schools and teachers recognize the unique and important role physical education classes and immersion PE teachers can have in assisting students to learn and use English in a meaningful way.

D. What types of instruction can be implemented?

Primary children are rapidly developing, yet at different rates, requiring instructional methods to be individualized and suited to a wide range of abilities and needs. Instructional approaches for primary learners require teachers to reflect on these ranges and aim to teach to students' Zone of Proximal Development, which was a key construct in Vygotsky's theory of learning and development. It is defined as the space between what a learner can do without assistance and what a learner can do with adult guidance or in collaboration with more capable peers.

Individualized instruction is an educational term that is used to establish ways to adjust the learning to the student, not the student to the learning. It forms the foundation of the contemporary instructional approach as it is more suited to the learning process. How instruction is delivered also varies according to the background of the teacher, the aims of the curriculum and the needs of the students. However, when the child is expected to demonstrate a skill in a structured, duplicated way, the experience will be pointless if the child doesn't have the unique abilities, needs and ideas. It requires the teacher to know and understand their students and develop ways to plan, adjust the learning process, and vary tasks. If the teacher uses only one way of teaching, they are in no way teaching an individualized instructional program.

Movement approach

Of the many instructional approaches used in physical education, two types stand out as being highly suited to teaching primary learners. They provide a basis for planning lessons, selecting styles of teaching and considering how to develop a schema for learning.

The **movement approach** develops overarching "movement concepts" and "movement skills" through inquiry and individualized learning. Based on a classification system of physical learning, the process of learning occurs when teachers help students translate abstract concepts, like balance or weight transfer, into concrete tasks through movement principles.

In this approach, every lesson and unit supports at least one of these four movement concept elements:

- Body awareness
- Spatial awareness
- Movement effort
- Relationships

Here are some examples of tasks using these specific movement concepts.

Body awareness: making curling and stretching shapes on a bench, sliding into a base in baseball, creeping to tag another student in a tag game

Spatial awareness: skipping along a line on the floor, jumping high to catch a ball, running in a curved pathway to score a goal in football

Movement effort: running and then stopping suddenly in a tag game, dancing lightly to music, bouncing a ball in a jerky manner in basketball to keep possession of the ball

Relationships: bouncing a ball individually, playing a game with a partner, leading and following a partner in Car and Driver tag, aiming and throwing at the net in basketball

The movement approach emphasizes understandings rather than memorization of technique. It can be easily woven into all types of lessons at all grade levels and in all sport categories, as a mental system. It is an excellent approach for immersion teaching as it uses consistent key vocabulary words across all activity areas.

Movement skills and vocabulary words are taught alongside movement concepts and are reinforced in almost every lesson. These vocabulary words are the foundations of understanding how the body moves and are excellent ways to develop schema of skills within an immersion setting: general space, personal space, levels, directions, pathways, speed, force, flow.

A focus for a sequence (series) of several lessons to teach "running and stopping skills" using the movement approach might be

- in different directions (forward, backward, sideways);
- using different pathways (straight, diagonal, curved, zigzag);
- using different types of movements (shapes, animals);
- moving alone or with a partner;
- running within general space; and
- looking for open spaces to run into, for safety.

For example:

A task to practice running stopping skills could involve practicing in general space and changing direction from forward to sideways, emphasizing body control.

A task to practice jumping and landing skills, where less space is needed, could involve practicing in personal space on or beside a mat, or in between two lines.

Students could explore these tasks first by working alone and then with a partner. Skills taught could be reinforced by applying them into a sequence of movements of their own selected creation to practice skills in the lesson. Also, teachers could select a group game that has the skills within it, such as a tag game. With advanced skill levels or with older primary students, refined movements could be combined into more complex group games.

Motor skills approach

In the **motor skills approach**, psychomotor skills are taught using the theory of motor learning and principles of biomechanics. Accuracy and consistency are the primary goals of motor learning. The body first gains knowledge and understanding of a skill through observation and then internalizes it through sufficient practice. Through teacher-led strategies such as modeling and student-led demonstrations, the student learns to perform the skill through specific and repeated practice. Gradually, over time, the student learns to perform it with minimum conscious effort, whenever the task is needed.

To understand this approach, think about a computer that responds automatically to commands by the user. Motor skills are grouped into 3 categories:

- Non-locomotor skills (balancing, jumping and landing, etc.)
- Locomotor skills (walking, running, skipping etc.)
- Manipulative skills (with a basketball, a puck, scarves, etc.)

Other principles used to learn and refine skills in this approach include

- principles of (sufficient) practice;
- concentrated (focused) practice;
- variable practice (different situations);

- part to whole learning;
- transfer (applying learned skills to related skills or sports);
- skill improvement (phases of learning); and
- use of self-feedback.

A sequence of lessons to teach "running and stopping skills" using the motor skills approach could include technical teaching tips such as

- use of arms, knees and feet for power and coordination;
- acceleration and deceleration skills to begin and stop;
- overcoming inertia to get going fast;
- use of linear motion for straight alignment; and
- the rotary action of the legs for smoothness.

Tasks and small group games would allow for further practice of skills. Moving from individual to partner and larger group games or activities is the instructional sequence of learning for this approach, as well.

Instructional design model —Reason To Move

When teaching becomes a conversation, students are activated by the flow of knowledge between one person and another. "Reason to Move" is a recent instructional design for physical education that helps teachers come to terms with the challenges of the contemporary teaching and learning environment. The emphasis of this design supports the needs of all primary learners because it is centered on play and experimentation. Questions and conversations are used in ways that are similar to those used in a classroom setting. As they explore these questions and have conversations, students are practicing and improving their English immersion learning skills.

"Reason to Move " is a design that inspires to implement inquiry learning by using an "easy-to-use" framework. When students respond to open-ended questions, they become creatively and excitedly engaged. After students explore and collaborate, they then share their thinking—making connections to the cognitive framework language. As teachers lead conversations to debrief ideas and understandings, they engage students in higher-level thinking skills such as observing, thinking, practicing, comparing, inferring, sequencing, analyzing, explaining, and linking to prior knowledge.

"Reason to Move" provides teachers with a three-step framework for planning and teaching lessons (see figure 2). As students develop skills within these three phases, teachers can systematically and smoothly guide them to movement refinements and skill acquisition. Questions selected by the teacher inspire them to:

- Investigate: think and apply ideas to the task while solving problems individually.
- Collaborate: ideas shared are then applied to more complex partner tasks, to further refine movements.

• Extend: students challenge themselves or apply skills to games and activities, to further establish skills and ideas.

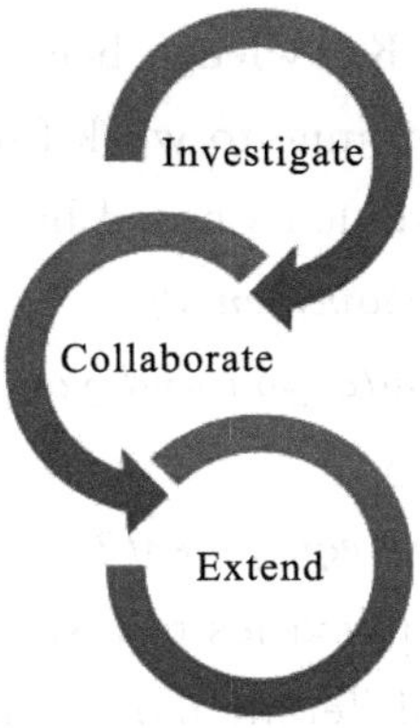

Figure 2 Three-step framework for planning and teaching lessons

Personal abilities, strengths and interests are valued and developed in an atmosphere where students can feel safe rather than feel compared. A positive and welcoming environment of acceptance and encouragement is key to high levels of students' interest and participation.

The "Reason to Move" design also aims to address issues of children's inactivity levels and contribute to students' life-long healthy-living goals. "Reason to Move" is intended to be efficient for teachers because of the simple three-step system and transferable to any movement activity within physical education curriculum.

Example: Hopping skills (grade four)

Step 1. Investigate

Students work individually to investigate the technique for the skill of "hopping" through "discovery learning" and exploratory tasks such as:

How could you hop in different ways?

How many different ways can you hop?

How can you use your feet to hop in different ways?

What helps make the hopping easier?

A series of these questions guide students' thinking and practicing of the technique. Teachers lead class conversations and help students connect prior knowledge to their activities. As students work, the teacher calmly circulates among the students sharing compliments and encouragements, while asking thought-provoking questions about their ideas. Periodically, the class is stopped while the teacher shares their observations or asks students to model (spotlight) their discoveries. Students are encouraged to articulate their thinking. Questions are continually used throughout this phase to probe thinking and learning. The teacher, when needed, can provide additional information about technique.

Step 2. Connect

Students explore more complex tasks, with a partner or small group of three, to connect ideas from the first step. Knowledge becomes more socially constructed and an exchange of ideas. Students continue to work further on their creative movements by responding to more complex problems posed by the teacher. For example:

How could you change your movements?

How many different ways could you and your partner hop together?

What was your best way? Why?

How could you add a piece of equipment?

Teachers increasingly add complexities to tasks such as using different equipment (hoops or lines on the floor) or different movement skills (sideways, diagonally). Tasks continue to guide students' deep thinking processes. Students, then, create movement sequences/patterns by selecting several of their favourite discoveries or transfer them to a game. They work in spaces that are limited enough for focused discussion but large enough for movement explorations. Teachers circulate among partners, observing and posing further questions/suggestions while students collaborate. They, also, provide connections to other physical activities such as explaining that landing is important just like when they jump and land in the playground and bend their knees to absorb the force, asking them to add this knowledge to their movements. For example:

How could you create a game of hopping and bouncing a ball?

How could you put your favourite hopping movements together in a sequence, and repeat it twice?

Now, how could you add a turn to your sequence?

What game could you make that uses hopping and bouncing a ball?

How do you score it?

Step 3. Extend

Students continue to develop and practice the proper movement technique by designing and planning a more extensive movement task or game, with a partner or small group. Teachers select two or three skills as criteria for creating a movement sequence or a game, while still encouraging open-endedness and creativity. They might ask them to change their direction, or jump with their bodies at different levels, or jump on/off a bench:

Design a movement sequence that uses hopping, tossing ball and a line on the floor.

Create a game for three people that is played with bouncing a ball, a line, one hop and that uses one rule. Decide on how you'll score it and how to win.

These more complex versions of step 2 ideas enable students to extend their knowledge and further build their relationships. Teachers circulate while students are working, acknowledging their thinking and, perhaps, adding suggestions to develop skills or ideas further. After sufficient time to practice, students are invited to share their collaborations with other small groups or to the class. Teachers continue to encourage conversation by "thinking out loud," sharing their observations or asking students to contribute in a way that values diversity and social responsibility.

▶ Thinking framework question suggestions

Find different (open-ended) ways to ________________.

Find one way to ________________

Find another way to ________________.

Find (*number*) different ways to ________________.

How could you ________________?

What if you tried ________________?

How many different ways can you ________________?

Instead of __________, now try ________________

Now add ________________.

Combine ________________ with ________________.

What ideas could you add?

How is this similar to ________________?

What would happen if you ________________?

What was the best way to ________________?

How could you make it harder?

What would you change?

How could you make it ________________?

How does this compare to ________________?

How could you design a movement sequence that ________________?

How could you design a game that ________________?

▶ Summary of the main components of the "Reason to Move" framework

A connected learning environment

- uses a conversational-style instruction;
- encourages discussion, reflection and dialogue together;
- uses socially-constructed, collaborative tasks; and
- embodies children's sense of fun, play and natural curiosity.

An emotionally safe learning environment

- encourages peer acceptance;

• values diversity and inclusion;
• emphasizes personal choice, strengths and abilities; and
• builds and sustains a collaborative community.

A cognitive learning environment that uses creative and critical thinking

• generates and develops ideas or investigations;
• allows for personal interpretations, analysis and planning; and
• asks questions and reflects, in a constructivist style.

A learning environment that connects physical literacy to one's health physical, emotional and mental health

• enhances enjoyment for movement;
• develops foundational movement skills that are within all sports, games and dance activities; and
• transfers skills from one sport or activity to another.

Instructional strategies

In addition to using cognitive frameworks in physical education, learning can be enhanced through a variety of instructional techniques. Providing ways for students to be successful is the key to motivating and inspiring students, especially in the primary grades:

• Use of specific praise is effective in "pinpointing" areas of success and reinforcing what has been taught.
• Provide for success in each learning task.

Organize and plan instruction to increase intrinsic motivation—without intrinsic motivation it is unlikely that students will achieve the goals of being active lifelong. Intrinsic and extrinsic motivation factors are also important for teachers to consider and to avoid, respectively. When students are having fun, are being challenged at their appropriate level, are using their own ideas, are enjoying being with friends and have their ideas valued, they will see themselves as being successful. When they see themselves improving their skills, they will want to participate. Conversely, when these factors are not realized, when being rewarded or punished or embarrassed, the teaching and learning experience will not be as successful.

Use of different learning styles such as visual, auditory and kinesthetic styles can help meet the needs of all student learners. Some prefer visual demonstrations or see a diagram of a game. Some prefer to learn within a group setting where they can talk about their learning, while others prefer learning individually. When teachers use auditory cues or cognitive statements that help students gain knowledge and understanding, some students will thrive. However, some students learn best in a tactile, hands-on way, such as using equipment, while others prefer to move in a less complex environment, without equipment. While intentionally using a variety of ways to inspire and motivate students, they will thrive in their physical education environment.

An indirect teaching style approach is based on a free exploration approach named "discovery learning" whereby students explore movements without teacher guidance or set problems. Some researchers refer to this style as "divergent" when the major responsibility for learning and how it should be performed is with the learner. The teacher simply sets the stage by presenting a general direction or challenge such as:

Use small equipment to discover how to throw and catch. Work on flow within your gymnastics sequence.

The use and ultimate success of this method depends on a gradual shift from direct teaching to indirect teaching by first using combined methods such as guided discovery and exploration and simplified set tasks. Through this process, children learn to be self-directed and independent learners who show care and concern for their own safety as well as for the other children in the class.

E. What assessment strategies should be used?

Assessment for any teaching activity begins with teacher planning. For the immersion PE teacher this is complicated because in addition to planning the typical assessment for the sport related objectives, the PE teacher must also include vocabulary development objectives, communication objectives, and higher-level thinking objectives. As outlined earlier in this chapter, this can create a challenge because traditionally the focus of PE education was physical development and the new PE curriculum is focused on the physical but also social/emotional and cognitive. This further complicated because of the inclusion of the variable of English language acquisition. Teachers are tasked to create the lessons that combine all the variables and then find meaningful assessments that are realistic. Often, teachers then must create evaluation tools that combine all these variables equitably.

It is important to ensure that immersion PE lessons focus on PE objectives, social/emotional and cognitive objectives, and English immersion objectives. It is essential that teachers including all these components in the content of their lessons. It is important to remember that the traditional PE teachers often included cognition objectives and social and emotional objectives in their lesson planning as outlined below but the focus was often heavily weighted to performance and skill-based activities and not on language (need to find reference), while Emmanouilidou demonstrated in 2019 how it is possible to include expressive and receptive language goals when planning a lesson (see Table 3).

Table 3. Differences between the traditional lesson and new curriculum lesson concerning the objectives

Traditional Lesson	New Curriculum Lesson
Content goal: *Be able to dance the polka with different partners*	**Content goal**: *Be able to dance the polka with different partners*
Movement goal: *Know movement elements of the dance and observe and evaluate the performance between them*	**Movement goal**: *Know movement elements of the dance and observe and evaluate them in discussion with the teacher and the other students*
Cognitive goal: *Make connections between dance and health related fitness goals*	**Cognitive/communication goal**: *Make connections between dance and health related goals and discuss them with other students and the teacher*
Social and behavioural goals: *Apply appropriate/safety and behaviour rules; derive positive experiences from participation in group activity*	**Social and emotional goals**: *In small groups discuss the ways that you can be safe and act with respect when dancing the polka and create a set of rules to follow*
	Communication goals: *Use and understand the dance vocabulary when discussing and planning with group; use safety vocabulary when discussing and planning with group*

Here is a useful student-learning template for a soccer unit that includes most of the language, social/emotional and physical objectives in one set of lessons objectives (note: objectives are observable and measurable).

Student learning lesson objectives

Content:

- Introduction of soccer as a team sport
- Rules of soccer
- Organization of defences and attacks in soccer
- Basic principles of team sports
- Warm-up and cool down for soccer

Cognition/Social Emotional:

- Provide each learner in their cohort with opportunities for higher level thinking and problem solving in the roles of soccer referee, player, and soccer coach in small cohorts.
- Each learner will identify the basic principles of team sports as taught in previous lesson.

• Each learner will have the opportunity to observe and use the emotional regulation skills involved when attacking, defending, winning and losing in the role of coach and referee, and discussing at the end of the lesson about how they used their skills.

Communication:

• Key vocabulary such as ball, team, goal, defend, attack, time, opponent, cone, score, and fault could be used.

• Ask each other questions when someone develops the role of coach.

• Explain exercises to warm-up or cool down when in the role of physical coach.

• Explain soccer's rules and make sure everyone follows them in the role.

By the end of the lesson plan, students will be able to

• design exercises for working a basic principle of team sport;

• know and apply the rules of soccer;

• know the basic systems of attack and defence in soccer;

• carry out a proper warm-up and cool down for soccer;

• interact with the teacher to ask questions as well as with classmates in English; and

• interact with other students discussing soccer exercises in English.

The following checklist will allow the teacher to assess and reflect their own teaching to ensure that the lesson has been appropriately planned to allow for the best possible learning for the students.

Teacher Planning Tool

Clarifying global goals, teaching aims and learning outcomes

☐ Are the teaching aims clear?

☐ Are the learning outcomes defined?

☐ Can they be measured?

Content

☐ Is the content adequate to the students?

☐ Is the content accessible to the students' developmental level?

☐ Is the content accessible to the students' language level?

Language/Communication

☐ Have I identified the key vocabulary?

☐ Have I created visuals to assist students in understanding key vocabulary?

☐ Are the students involved in using language?

☐ Are the students involved in learning language?

☐ Are there adequate opportunities for them to practise the new language structures?

☐ Are my instructions clear?

☐ Have the students got adequate vocabulary/language to answer my questions?

☐ Are my presentations of new concepts clear?

☐ Have I identified which type of teacher scaffolding is needed?

Cognition/Thinking

☐ Are the questions/problems to be solved at the appropriate cognitive level?

Supporting learning

☐ Have I identified which type of teacher scaffolding is needed to support language and learning?

☐ Are there adequate opportunities for students to engage in?

Assessment

☐ Have I considered how I will know what students have learnt?

☐ Have I decided what to assess during the unit to ensure that feedback informs further learning?

Reflection

☐ Have I allocated enough time?

Once the objectives have been created, the next step is determining excellence. This is typically done using a rubric. The rubric is created based on learning standards. School district authorities determine the learning standards.

For example, in the lessons outlined above one of the learning standards for PE is:

> Describe and put into practice independently aspects of attack and defence in the physical sport activities.

The immersion learning standard is:

> Use correct vocabulary with understandable sounds.

An example of an assessment that combines both learning standards can be found in table 4.

Table 4. An assessment including PE learning standards and immersion learning standards

Skill	Exceeds expectations	Meets expectations	Needs improvement
Stretching	Successfully replicates all of the exercise taught in the lesson for each muscle	Successfully replicates the exercise involved in the lesson but misses one	Successfully replicates the exercise involved in the lesson but misses two
Vocabulary/ Understandable Sounds	The exercises are explained using the correct vocabulary and the sounds are understandable	The exercises are explained using the correct vocabulary and the sounds are not understandable	The exercises are not explained using the correct vocabulary and the sounds are not understandable

Some researchers argued that in immersion PE classes it was important to remember that apart from teacher observations and written tests, alternative assessments could be used, such as peer assessment or self-assessment. Written materials such as drawings based on oral instructions can be used (i. e. , pictures of a child who kicks the ball with the foot or a child who can do a stretching exercise).

F. Why is games education important in primary physical education?

Cross-cultural research has found that types of games and sports that vary in many ways are related to social complexity, and to how children are raised. Games are an essential part of the childhood experience. They appeal to the child's enjoyment of physical activity, creative play and social interaction. They also play an important role in learning important movement and motor skills that will be necessary for them to participate in physical education and sport in the future. Some types of games in physical education guide children toward the acquisition of motor skills, some are just for fun, some prepare them to play sports, some reinforce collaboration, and some are excellent to improve their fitness. All games must be developmentally appropriate to ensure that students experience success and enjoyment.

Games and movement activities

Teachers understand the significance of young children playing games. Games play an important role in both motor skill development and social development. The excitement of playing a game turns a boring activity to an engaging one, elevating the quality of the skill practice session.

Games for primary children should be as creative as possible and engage them through playful ways. Children everywhere like to play tag games and simple team games, but they serve to teach children to run, chase, throw, catch and kick, to name only a few basic skills. Selecting the right games is where teacher's insight and planning are needed. The contemporary physical education approach supports inventive games for younger and older students that, in many ways, have become an equal partner to more teacher-directed activities.

As children progress through the primary grades, the use of modified or lead-up games is essential for practicing skills in context. An example of a modified game might be to have four children play a simple game of tossing a ball and catching without dropping it, with two on each side facing each other, passing it to their team mate, and then scoring a point when the other team drops it. This game is based on a traditional game (volleyball) as it has some components of the sport but only a few of them. An example of an inventive game might be to have four children find different ways to toss a ball back and forth in teams of two, facing each other, and passing to each their teammate and discover which method enables them to get the best score. In this way, skills are practiced but students are creating a solution to a problem.

Games can be based on basic skills with the use of given criteria or questions posed by the teacher. By using higher level thinking skills such as problem solving, children can individualize their work according to their needs and interests. This deep engagement helps children to begin to develop schemas as they learn to understand elements of movement as related to motor activities.

Games and game types

The games education physical education curriculum includes a wide range of activities within the framework of simple, tag and running games, creative or inventive game, partner games, minor games, lead-up games and major games, in this progression. Simple tag games are regularly used with early primary classes because of their playful nature but can be also used to reinforce specific skills at any level. More advanced games such as lead-up games are used to practice skills but also emphasize strategic game play, ideal for older primary students . For example, when playing a territorial game such as basketball, teachers might say, "Aim to pass to a teammate who is 'open' or moving into 'open space' and then be ready to receive a pass. "

It is important for teachers to become knowledgeable about the four elements in order to plan games and design lessons. These vital elements are essential for teachers to consider when planning a lesson or a progression of lessons for different age groups, as they have a significant effect on learning success:

- Number of players-one, two or more participants
- Area-division of space or what is available
- Equipment-appropriate or available
- Rules and skills to form structure and purpose

The variety of equipment selected for game practice and play can greatly assist children's developmental growth. One extremely important detail when teaching young primary students is to modify equipment. Using small-sized balls and spaces is important because of the reduced size of hands, feet and lung capacity of younger primary students. For example, a lesson about ball tossing and throwing can be taught with beanbags instead of regular balls, as they are easier to catch. Using modified areas designed to increase success is important for older primary students because of the strategic nature of games. Football kicking skills can be introduced in grade five using a modified goal of two cones spread far apart instead of a net, as it is larger target for scoring.

Equipment variety can also serve to motivate and excite children and sustain their interest longer. Skipping ropes, hoops, bowling pins and baskets inspire creative explorations and offer a different way of moving than do traditional games. Having students select their own equipment for their inventive games is an effective organizational strategy.

The inventive games approach within the primary curriculum is essentially a shift away from the traditional teacher-led games approach and one that supports a more individualized environment. Teachers can stimulate the inventive process by designing challenges that include one or two game skills for students and asking them to solve the problems. Students respond at their own physical and intellectual level in these creative activities. Games for very young primary children should be predominantly imaginative and creative and should use the discovery learning approach. For older primary children, students can apply basic skills to more sport-specific tasks. For example:

Grade one: create a game with your partner that helps you practice rolling a ball against the wall in different ways.

Grade five: create a game with your partner that helps you practice striking your hockey puck and aiming it to some cones.

It is important for teachers to realize the social-emotional benefits of implementing individualized learning in their games lessons. The use of inventive games supports children who need extra time to learn skills, who have limited background knowledge or prior experience, who have exceptional talents, or students whose needs will not be met through the playing of traditional games.

Games classification is a framework for teaching a wide range games that allow student practice skills needed in game play while using specific equipment and space. In addition, these different categories involve specific strategic awareness skills and games principles. Students need to be taught the principles of playing through modified games to appreciate and realize how to gain an advantage over an opponent. In other words, students need experiences in lead-up games that allow them to determine how to play tactically. Learning a variety of games within different categories enables students to make future lifestyle choices about recreation activities that will contribute to a healthy, happy lifestyle.

The followings are the classification categories, in order of increasing complexity:

- Target games—sending, throwing, aiming, releasing (golf, bowling, bocce, darts)
- Striking games—hitting, throwing, batting, catching, running (cricket, baseball, softball, kickball)
- Net and wall games—sending, receiving, hitting, serving (tennis, volleyball, badminton)
- Territorial games—sending, receiving, trapping, dribbling, carrying (football, basketball, hockey, rugby)

The principles of playing and scoring are the basic elements of play that structure effective game playing. In lessons, these elements can be taught separately and then gradually combined into existing lead-up games and, eventually, sports.

Cooperative games are based on the principles of cooperative learning. Research studies clearly indicate that schools can achieve all the basic content goals while helping children develop effective social and collaborative skills by applying cooperative learning activities to classes. Cooperative learning methods can achieve superior results to competitive learning methods across all grade and subject levels. Numerous studies have also revealed that children improve academic achievement, motivation, positive attitudes, peer relations and levels of self-esteem through cooperative learning methods.

There are four important elements in cooperative learning approach:

• Organize children into heterogeneous groups reflecting a range of abilities and social characteristics of the class.

• Establish positive feelings and interdependence within each working group through a common goal.

• Activities must include ways that individuals are all accountable for the development and the performance of the activity.

• Include a variety of collaborative skills to appreciate and use interpersonal and small-group skills.

Games should stress the six important factors, namely fun, cooperation, equality, participation, success, and trust. Popular cooperative games have become part of a teaching repertoire and used as warm-up or team building activities. For example:

Bean Bag Helper (grade one) is a group game where students walk with beanbags on their head and teachers change the task to more challenging ones such as skip, hop or walk backwards. When a beanbag falls off a child's head they are frozen. To help them out other students pick up their beanbag so they can join in again and the student replies with "thank you." The aim is to keep everyone moving and to help others.

Triangle Tag (grade five) is a fast moving tag game played in groups of four where three students are joined by their hands in a triangle formation and the 4th person is "it" on the outside of the triangle. One person in the triangle is designated as the target and the triangle must shift and move the triangle away from "it" without dropping hands while the outside person tries to tag them. The game starts when the teacher says, "Go." The game ends when the target is tagged and they switch places with "it."

Nine' Person Skip (grade six) is a skipping game played in moderate sized groups (can be smaller than nine) to practice long rope skipping. The rope is held at either end and turned as students enter it and attempt to get everyone jumping together. The goal is to find different ways to get the group into the jump rope such as jumping together, entering the jump rope one at a time, facing the same of different directions and any other variation they can discover. The game is successful when everyone is jumping at the same time.

Older children can develop their own cooperative games once they become acquainted and experienced with the approach and know the six important factors for implementation. Teachers have consistently found that unless students know and understand the meaning of these factors and elements, they will be unsuccessful at producing them.

G. What may be some challenges for PE immersion teachers?

In the previous sections, the positive evidence-based components of using immersion in PE classes has been outlined. However, this does not mean that difficulties or challenges may not also arise. And so, these pitfalls should be considered. Thereby, in this section, we are going to analyze the main challenges or difficulties that are highlighted in the current literature and address them from a practical evidence-based focus. The difficulties that are highlighted in the literature with respect to immersion in a PE mainly include

- insufficient preparation of PE teachers in immersion teaching strategies;
- increased teacher workload;
- class size; and
- decreased time in physical activity in PE classes.

Insufficient preparation of PE teachers in immersion teaching strategies

In 2022, Méndez conducted a review of research going back to 2007 on the perspectives and opinions of future and current immersion PE teachers. He reported that the reviewed studies concluded that most of the teachers sampled had positive opinion towards bilingual physical education and they were not sufficiently prepared to provide the instruction. He also reported that the majority of studies reviewed concluded that it would be advisable to design and implement educational programs that improve the qualification of physical education teachers to provide immersion instruction in order to ensure the success of immersion education programs. One further recommendation is on-going professional development that focuses on immersion approaches to support teachers to an approach that integrates PE and second language learning.

García-Calvo presented an interesting argument in favour of preparation for all PE teachers in 2018. He concluded that when physical educational classes were associated with a teaching style based on managerial methods more focused on the teacher than on the students, there were often lower levels of engaged time when compared to other teaching styles. He further stated that when a constructivist methodology with more student-based activities that focused on guided discovery, there was increased engagement. However, he added the caveat that teacher's skill and knowledge had a positive impact on engagement. Immersion PE teachers have reported that they do not have enough training in PE strategies and vocabulary because they are often English majors.

Increased teacher workload

It is widely noted in content subjects such as physical education, teachers not only have to prepare the contents and lessons of this subject but also introduce the linguistic aspects and integrate them with content objectives. The need to develop materials due to the lack of specific bilingual materials for this subject as well as design the appropriate scaffolding in order to facilitate the learning process for students can lead to increased workload.

Researchers such as Emmanouilidou and Laskaridou mentioned the excessive increase in the workload and planning time of physical education immersion teachers when the bilingual approach was introduced in this content subject. They suggested that teaching team support could overcome this obstacle.

This can be compounded by lack of materials that could be used to develop language in PE tasks. The truth is that there are few materials prepared and teachers often have to choose between adapted already published materials or create their own. One easy solution would be for administrations to take measure to provide materials and resources to overcome this challenge when they are suggesting a new curriculum. A more practical solution is for teachers to create working groups where they can collaboratively work together to create and share materials.

Some researchers reported that every single one of the teachers interviewed agreed with the fact that planning was significantly more effortful when teaching PE in English. They concluded that while lessons did not have significant task changes, the amount of time teachers had to spend to plan adequate lessons was considerably higher as they were paying more attention to language and communication. One interested note is that the teachers felt they were not being acknowledged for their effort. The teachers stated that introducing language implied a lot of work without any compensation or acknowledgment. However, all of them agreed that it was a motivating work of which they were proud of.

Therefore, based on the conclusions of the different studies highlighted above, the excess in the workload of physical education teachers should be considered as one of the challenges or pitfalls that could arise.

Class size

Groups and pairs work in the large classes can pose real management and assessment problems. These problems can be exacerbated in PE classes.

Decreased time in physical activity in PE classes

The immersion in the physical education subject will limit the amount of time the students are engaged with the PE content. Some studies have shown that motor-engaged time in physical education lessons applying the CLIL approach is lower than what is generally recommended by educational authorities for physical education classes. Furthermore, the lower levels of physical activity time during classes could be due to the excessive use of language support materials such as flashcards to facilitate communication or the types of physical activity involved in the lessons.

Salvador-García and other researchers found in a study that the teachers had different perspectives. Some teachers stated that there was no difference in the amount of physical activity between immersion classes and first language classes. The following quotes illustrate this idea:

"I have adapted the theoretical content, but the practical content has not been adapted."

"The activities and the practice itself have remained the same."

Some teachers had an opposing view:

"Obviously, the explanations are longer. You (the teacher) have to explain the same thing (compared to a non-immersion group) and you do not have the same knowledge, skill and speed when speaking in English."

One teacher reported that although physical activity was still an important part of the lessons, the amount of time that students were engaged in it could be affected because it was more difficult for students to understand an activity and start it. This can be perceived in the following quote, in which the teacher mentioned both aspects:

"I think that the sport's essence, its physical activity, was the same. They may be slower to understand an activity, but once you have performed it, students worked with no difference."

Students reported that they did not feel there was a difference between immersion and first language classes and none of the adolescents in the study through immersion diminished their engaged physical activity time. This replicates the findings of a 2015 study in which Gruber stated that feedback from students was that the movement time was perceived to the same in immersion and first language PE classes.

In conclusion, there is still some controversy in the study and further research is needed. You can scan the QR code for two cases that illustrate the ideas that have been discussed in this article. Each case study begins with an overview, followed by a series of questions that address some of the challenges that the teacher might encounter. The questions are the same for both case studies because they encompass the process all teachers should go through when they are faced with new teaching situations.

(scan the QR code to acquire the cases)

English Immersion Strategies for Primary Grade Integrated Music & Movement

A. Introduction

This article is written for the primary grade teacher who is a generalist. A generalist is a teacher who has been professionally prepared to teach the English language in several content areas. Among the content areas taught by generalist primary grade teachers are the following subjects: literacy, math, science, social studies, and the arts. Literacy can be further broken down into subjects that make up the blocks of literacy, which are listening, speaking, reading, and writing. Social studies include such areas as moral education, history, and geography. Math includes such areas as addition, subtraction, division, multiplication, geometry, and so on. And the arts include many subjects such as performance arts like dance and music, and visual arts like drawing, painting, weaving, paper cutting, and sculpting. In this article, we will focus on music and movement that are taught by the primary grade general education teacher.

B. Rationale for an EI primary grade integrated music and movement approach

The generalist EI primary grade teacher often uses an integrated approach to the teaching of music and movement. The teacher teaches the language of music by teaching vocabulary that is appropriate for the age and stage of development of primary grade students. One goal is for students to have knowledge and understanding of the elements of music (tempo, volume, range) and movement (tempo, level, force, flow). For example, when teaching about tempo, the generalist EI primary grade music teacher knows his/her students. The rate at which lessons are presented depend on use of his/her professional judgment.

The generalist EI primary grade teacher includes science concepts in teaching music and movement. For example, the teacher may want to talk about the sounds in nature. An example is the sound of rain. When movement is used, students can "create" rain by changing the kind of vocal and body percussion they use. The generalist EI primary grade teacher includes mathematical concepts in teaching music and movement. For example, the teacher may want to talk about the music's tempo and the movements that follow the rhythm while students are walking, marching, or skipping—all of which can be performed without traveling to the front, side, or back—anyway other than up or down. The generalist EI primary grade teacher includes social studies concepts in teaching music and movement. For example, the teacher may want to encourage students to play rhythm instruments that have been used for centuries. Teachers may ask students to use hand, arm, and body movements that produce different sounds from the instruments. The generalist EI teacher will also bring in contemporary examples found in their students daily lives or examples that are used for cultural celebrations or special occasions.

C. Principles of EI teaching

According to Teachers of English to Speakers of Other Languages (TESOL), there are six principles that apply to teachers of English as a Foreign Language and English immersion.

Principle 1 : Know your learners

English teachers should understand the students' personal and educational background so they can tailor classes according to their students' needs more effectively. Learning about the students' culture, first language, and past experiences are useful while preparing lesson plans, materials, and projects.

Principle 2: Create conditions for language learning

Creating a positive atmosphere in class considering physical space, materials, and student integration promotes better learning experiences for English students. A pleasant atmosphere makes students feel comfortable and more confident in participating and expressing themselves in a positive way, which is essential for learning development. Additionally, setting high expectations, differentiation, and motivation help learners deepen their English language skills.

Principle 3: Design high-quality lessons for language development

Creating meaningful and exceptional lesson plans that develop students' language acquisition and their content learning process remains essential. Teachers may engage students in authentic language practice experiences, supporting their learning strategies and critical thinking development. According to the six principles, manifesto, gestures, visuals, demonstrations, embedded definitions, audio supports, and bilingual glossaries make information comprehensible.

Principle 4: Adapt lesson delivery as needed

Assessing students and adapting lesson plans accordingly remain a must. Reflecting on the students' performance and development improves the quality of many English lessons. There are several ways to do so: reteaching content, adapting activities and materials, adjusting instructions and tasks, and being flexible with the students' response time.

Principle 5: Monitor and assess student language development

Outstanding ESL/EFL teachers also monitor and assess students' language development to measure and document progress. English students learn in different ways and speed. Therefore, English teachers should prepare different forms of assessment while providing constructive feedback appropriate for the students' ages and levels for continual student improvement.

Principle 6: Engage and collaborate within a community of practice

This last principle suggests English teachers should collaborate with each other to support their English language learners. Sharing classroom experiences, reflecting critically on teaching practices, following current ELT (English language teaching) research and engaging in professional groups, attending academic conferences, and joining online learning groups are all ways to be active within a community of practice.

These six principles are in line with the CCUEI research-based conditions for effective English immersion teaching in the content area.

Template of setting up the music classroom

Introduction (1－2 minutes)

Greet students with an opener. Chant a short phrase that helps them feel welcomed.

Opener (2－3 minutes)

Sample 1: Use body percussion and ask students to imitate five to ten simple rhythms.

Sample 2: Sing imitations such as the day of the week, the month and date, or something about the weather today and have students repeat.

Sample 3: Use vocal exercises that develop breath control.

Familiar Song 1 (5 minutes)

Set pitch and tempo. Students sing together three times.

Less Familiar Song 2 (5－8 minutes)

Activity 1: Name title of song. (*Sing the song with enthusiasm!*)

Activity 2: Sing the song with the teacher. (*Set pitch and tempo, sing together.*)

Activity 3: Tap/pat/clap on two fingers the rhythm of the song. (*Sing again.*)

Rhythmic Activity (5－8 minutes)

Choose a two-line poem and set it to rhythm that includes vocalizations and body percussion.

Step 1: Rhythmically chant the two-line poem.

Step 2: Pat the steady pulse.

Step 3: Rhythmically chant poem again.

Step 4: Clap the rhythm of the words while rhythmically chanting out loud.

Step 5: Clap the rhythm of the words without chanting—just thinking them.

Step 6: Play a body percussion rhythm with the word-rhymes (stamps, pats, snaps, claps)

Step 7: Repeat.

Step 8: Play the body percussion rhythm while thinking only.

Step 9: Repeat the poem.

New Song (7 minutes)

Introduce Song—teacher plays recorded example or sings. Ask students questions about the song.

Choice Activity (0 – 5 minutes)

Choice with Music (3 – 5 minutes)

Activity 1: Sing a string of familiar melodies.

Activity 2: Ask " What did we learn today? " and take answers.

Activity 3: Tell a story about a musician or the composing of music or writing a song.

Students Leaving the Room (2 minutes)

Play recorded or live music as students exit the classroom and leave their seats.

D. Developing musical understandings

In formal or informal settings with small groups or in a large group, students learn most naturally in settings where teachers' strategies are safe, fun, and playful. Students' musical understandings are developed as the teacher uses sound play, presents a repertoire of movements with different rhythms, sings with students, explores musical instruments, and moves with students. Movements included involve many non-locomotor movements that can be done in a small space or locomotor movements that can travel in different directions. The teacher also teaches about musical heritage, which can be introduced when students listen and respond to music from varied cultures, times throughout history, and types.

Sound play

Playing with vocal, body percussion, and instrumental sounds can be delightful to students. Playing with vocal inflections is the foundation for learning to sing and for students' emerging skills in singing.

Singing

When introducing a song, playing a quality recording of the song, preferably one that is sung by children, is helpful when students are introduced to a song that they will later sing. It is also appropriate to sing with someone experienced in singing the song without musical accompaniment. Students are encouraged to sing songs that appeal to their interests. When the teacher is enthusiastic about the song, they can appeal to their students' interests. It is important to clarify the meaning of words for students. This can also be done by encouraging students to dramatize the songs they sing.

Exploring instruments

When the teacher explores the sound potential of instruments with students, this activity leads children to add their own instrumental sound effects. An activity using different instruments helps to develop coordination needed to play simple instruments. Teachers can encourage students to enjoy instrumental sound play by making rhythm instruments available for them to use for experimentation. Note that it is not necessary for all students to play rhythm instruments at the same time.

Moving

As students experience movement while listening, singing, or playing, they also develop a movement vocabulary. The teacher may ask, "Can you hop?" The students can respond, "Yes, I can hop! I am hopping!" Varying the tempo, the force, and the level adds interest. The teacher may ask, "Can you hop high?" The students may respond, "Yes, when I use force, I can hop high." Primary grade students develop a vocabulary of movement by describing or hearing others describe their movements. As students are bending, swaying, twisting, walking, running, and so forth, tell them what they are doing and elaborate on the movements. These and other movements form the basis for creative movement and dance.

E. Developing a musical foundation

It is desirable for primary grade teachers to think about their students' development in the long term. For students to have a lifelong enjoyment and understanding of music, they need quality early experiences. These are among the goals for children.

Singing

The students will

- explore different vocal sounds (speaking, singing, whispering, shouting, humming);
- develop control of their voice; and
- develop a personal collection of songs to sing.

Playing with sound

The students will

- produce different sounds with percussion instruments;
- explore sounds in the environment to discover and use them;

- experiment with body percussion and vocal sounds; and
- choose sounds that can accompany songs, stories, dramatic play, and dance.

Moving

The student will

- develop a list of rhythmic movement they can produce;
- invent movements that fit sounds or music;
- dramatize songs or orchestral music recordings;
- move to a steady beat by repeating or varying movements; and
- play singing games.

Listening

The student will

- respond to different music;
- describe music nonverbally and verbally; and
- expand his or her music-related vocabularies.

Singing in primary grades

In most sequential music programs for primary grade students, singing is the primary content. Primary grade students can develop and enjoy developing the skills to sing by themselves and with others. When singing they can sing on pitch and in rhythm with the appropriate tempo, melody, timbre, dynamics, and form. Learning the correct posture for singing is important.

Primary grade children can learn to sing expressively with appropriate guidance in interpretation and phrasing. Teachers should introduce primary grade children to a variety of songs that represent different styles. Singing is for all ages, stages, times, and cultures, but it begins and is nurtured in the developing child.

F. Developing music concepts

Students develop music concepts along with their domains of learning—cognitive, physical, social, and emotional. Music concepts are developed along with students developing use of language and action—young students learn by doing. Musical concepts can also be discussed separately, but students learning experiences are combined, so teachers should recognize the importance of the whole experience.

Concepts are ideas that can apply to different contexts. For example, when students understand the concept of a steady beat, students use this knowledge when they speak rhythmically, sing songs, and move to music. First, students need to experience concepts in many ways that appeal to their senses because of students seeing, hearing, and touching. Second, when students begin exploring concepts of music that are interesting to them, they want to repeat the concepts in different ways. Music concepts develop differently for each individual, which depends on their involvement in exploring concepts related to such things as rhythm, tempo, melody, dynamics, tembre, and form. It is important for EI teachers to combine subject matter knowledge with linguistic knowledge to provide students with a deep understanding of these concepts in the context of music instruction.

Rhythm

Rhythm concepts include music beat that is steady. Students should recognize that notes are long and short in duration, and understand that when beats are combined, they produce meter. It is with rhythmic experiences that primary grade children can begin to understand beat, duration, and meter. Children have had experiences with using a steady beat in speaking, singing, moving, and playing rhythm instruments. The short or long sounds, the duration, is experienced by students in the environment. As children use movement to interact with music, they recognize differences in the rhythm used in marching, skipping, and galloping.

Tempo

Students understand tempo when they relate to the speed of a beat. Fast and slow are often used when related to rhythmically speaking, singing, and moving. Students learn to control those broad differences more quickly. By using imagery, students can begin to understand cars, trains, or rollercoasters, moving slowly up the hill and faster moving down the hill. Several songs are sung at different tempos based on the skills of the learners.

Melody

Students explore melody as they speak and sing. The Chinese language uses tones which may be spoken in a succession of pitches of different directions. Students will be able to easily recognize that there are differences between pitched and nonpitched sounds. By using their voices, children will be able to control the melody as they sing, chant, and speak. The piano or keyboard can be used to show how a melody can rise and fall. It can provide a visual image for the aural concept of pitch direction. Teachers may also use stories to talk about things that go up and down with vocal effects to show melody.

Dynamics

In daily life, students become aware of loud and soft sounds. Exploring dynamics in sound can be a fun activity such as playing a game of "Old Gray Cat." The old gray cat is sleeping, and the little mice are creeping. Then, when the old gray cat is waking, the sounds from the mice movements are a little louder.

Another game associated with dynamics is "Rain." The sound of rain is produced by students rubbing their palms together—a few at first and as more students are rubbing their palms together the sound increases. Then the director (usually the teacher) starts again with the next stage, which is students patting their thighs, until all are patting their thighs. The next step is stomping their feet. Then as the rain subsides, the director moves his or her hands and the movements are in reverse order until all the rain stops.

Performance

Students are often motivated when they have an opportunity to perform for others. Many teachers build time for performance into their lessons.

Timbre

Although the word timbre may be new to students, there are many opportunities for students to explore timbre in everyday life. Students explore timbre when they compare differences in sounds they hear. An example of timbre can be recognized when the teacher pours items from a pitcher into a bowl. The sound of water being poured has a different timbre than the sound of dry rice being poured. In the music classroom, students can learn about timbre when they have activities to put sounds into categories. Students listen and compare and make choices among sources of sounds. For example, students can recognize if the sound is produced by wood or metal, if it is struck or shaken, or if it is a nature-made sound or a man-made sound.

Form

Exploring same or different is an activity that children enjoy. Students explore form when they recognize the organization of sounds and when they can put sounds together. Repetition and contrast are concepts that children experience in daily life. The similarities or differences of musical sounds are concepts students can explore. As students sing songs with more than one structure, they gain an awareness of form. Examples of form are found in songs that have a chorus, sung as a round, or an echo song.

Rounds

A round is a short musical piece in which multiple voices sing the same melody but start the song at different times. When each singer gets to the end of the song, they return to the beginning and start again. Though simple, rounds have a beautiful cyclical sound that requires concentration and focus from your students. Rounds are simple melodies and usually four or fewer lines of verse. It's their simple nature that makes them work when repeated in a staggered fashion.

数智技术微课

教育信息化背景下的英语浸入式课堂教学，应充分发挥数智技术微课对浸入式课堂教学的支持和服务功能。教师应合理利用数智技术微课，创新课堂教学方式，开展浸入式课堂融合教学。为满足学生个性化学习需要，本文就微课的历史与发展、微课的制作与使用、微课与微型课的区别进行了研究，以便帮助教师科学、合理地利用微课技术制作微课并使用微课开展各种课堂教学活动，为学生自主学习、合作学习、探究学习创造条件。

一、微课的概念

对于微课的概念，国内专家的定义颇多。"微课"的全称是"微型视频课程"，它是以教学视频为主要呈现方式，围绕学科知识点、例题习题、疑难问题、实验操作等进行的教学的过程及相关资源的有机结合体。一般来说，微课是时间在10分钟以内、有明确的教学目标、内容短小、集中说明一个问题的小课程，它以阐明某一知识点为目标，以短小精悍的在线视频为表现方式，以学习和教学应用为目的。通过精心的信息化教学设计，微课以流媒体的形式展示围绕某个知识点或教学环节开展的简短、完整的教学活动。总而言之，微课是一种以视频为主要载体的网络教学资源，记录教师围绕某个知识点展开的简短而又完整的教学活动，是教师事先设计好的、固化的、供学生短时间学习的辅助教学课程。微课是一种课程，因此，教师在设计微课时要有课程意识，不能想怎么做就怎么做。

二、微课的特点

微课的"微"是"微小"的意思，教学视频是微课的核心组成内容。依据中小学生的认知特点和学习规律，微课教学视频时长一般在5至7分钟，最多不要超过10分钟。相较于传统的40或45分钟一节课的教学课例来说，微课可以被视为"课例片段"或"微课例"。微课教学内容少，一般就是围绕一个学科知识点或技能点进行讲解，不枝不蔓，重点突出，如教学中的重点、难点、疑点内容等，或是反映课堂中某个教学环节、教学主题的教与学活动，相对于传统一节课要完成的复杂众多的教学内容，"微课"的内容较为精简，可视作"微课堂"。教学资源容量较小，适于基于移动设备的移动学习。从大小上来说，微课视频及配套辅助资源的总容量一般在几十兆左右，视频格式须是支持网络在线播放的主流媒体格式，师生可流畅地在线观摩课例视频，查看教案、课件等辅助资源，也可灵活方便地将其下载保存到终端设备上，以实现移动学习、"泛在学习"，非常适合教师的观摩、评课、反思和研究。微课也可用于自主学习，供学习者自主学习的课程往往是以一对一的形式呈现的。除了形式上"微"的特征外，"面向学习者"也是微课区别于其他教学资源的核心特征。相较于以往的教案、课件、习题等教学资源，微课才是真正为学习者准备的资源，是最直接、最有效、最为学生乐见的学习资源。微课主题突出、内容具体，一个课程就是一个主题，研究的问题来源于教育教学具体实践中的具体问题——生活思考、教学反思、难点突破、重点强调，或是学习策略、教学方法、教育教学观点等具体、真实、可自主解决的问题。微课大都是精致教学设计，是完全的、精心的信息化教学设计，也是真实的、具体的、典型案例化的教与学情景。微课制作方式简便，可通过多种途径和设备制作，以实用为宗旨。讲授微课的主持人可以出镜，也可以通过话外音讲解内容。

三、微课的类型

按照对教学内容的不同展示方式，微课主要有四种类型。第一种是幻灯片式微课。这种类型的微课制作起来比较简单，演示文稿由文字、音乐、图片构成。微课制作者将演示文稿设置为自动播放功能，然后转换成视频，时长为 5 至 10 分钟。录屏有多种方法，可借助 PowerPoint 课件录制，也可借助 Camtasia Studio、ALLCapture、会声会影、Educreations、Explain Everything 等软件录制形成微课视频。第二种是讲课式微课。教师按照教学要求，用模块化的方式进行授课拍摄，经过后期剪辑转换，形成微课视频，时长为 5 至 10 分钟。正规的拍摄环境是教室，拍摄时可用便携式拍摄设备，如手机、数码相机、平板电脑摄像头等工具。第三种是软件合成类微课。这类微课视频是运用图像、动画或视频制作软件（如 Flash、PowerPoint、会声会影、Movie Maker、GIF Animator 等），通过微课脚本设计、技术合成后输出的最终编辑来合成微课教学视频，通常用软件合成动画视频居多。这类微课的制作方式通常比较复杂，需要一定的技术支持和视频编辑水平，花费的时间较多，但微视频的质量更高，功能更多。第四种类型是情景剧式微课，这种方式借鉴电影拍摄模式，教师们组成微课研发团队，对课程内容进行情景剧设计策划，撰写脚本，选择导演、演员、场地进行拍摄，经过制片人后期剪辑制作成微课。

除了按照教学展示方式进行分类，微课还有其他不同的分类方法。依据李炳德教授对我国中小学教学活动中常用教学方法的分类总结，微课可分为讲授类、问答类、启发类、讨论类、演示类、练习类、实验类、表演类、自主学习类、合作学习类、探究学习类；依据课堂教学内容，微课又可分为专题类、同步类、补充类、习题类；依据一般课堂教学过程，微课还可分为课前复习类、新课导入类、知识理解类、练习巩固类、小结拓展类，等等。

四、微课的功能

在教育信息化浪潮的推动下，教与学的方式正经历着深刻的变革，其中，数智技术与微课的支持和服务在教育领域扮演着重要角色。教师应紧跟时代潮流，巧妙融合并创新应用数智技术和在线平台，开展线上线下融合式教学，旨在精准对接学生的个性化学习需求。微课在智慧课堂、翻转课堂及混合式教学等新型教学模式中，展现出了传统课堂难以企及的优势与价值。

微课的效用首先体现在课前的自主学习环节（翻转课堂）。教师需依据教学规划，精心挑选教学内容中的精髓、难点或核心知识点，提前录制成微课，供学生在课外时间进行预习。需强调的是，预习用的微课应聚焦于“点”，而非全盘复制课堂教学内容，避免“搬家式”预习。

其次，微课在课后补习方面展现出了理想且极具价值的教学应用。教师可将授课中遗漏的、讲解不够深入的、需要特别强调的以及需要学生反复练习的知识点，分别制作成微课，供学生在课外补充学习。此类微课应成为教学中的常态工具，助力学生巩固知识，提升学习效果。

再者，微课还具备假期自习的功能。教师可依据学科知识体系，精心策划一系列微课，让学生在假期期间根据自身实际情况，灵活选择学习方式，无论是自主学习、合作学习还是探究学习，微课都能提供有力支持。

至于为何将微课排除在“课中”环节之外，原因显而易见：在“课中”，教师亲自在场授课，与学生实时互动，其教学效果远胜于通过微课进行的教学。因此，我们必须明确，微课的主要应用场景在于课外，而非课内。在有教师现场指导的场合，微课并非最佳选择。简而言之，微课应被用于教师不在场的情境，为学生的自主学习提供有力支撑。